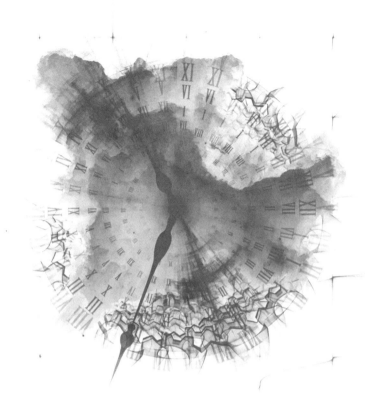

THE POWER OF
DIGITALIZATION

数字化的力量

郭为 ◎著

机械工业出版社
China Machine Press

图书在版编目（CIP）数据

数字化的力量 / 郭为著 . -- 北京：机械工业出版社，2022.6（2023.1 重印）
ISBN 978-7-111-70809-4

Ⅰ. ①数⋯　Ⅱ. ①郭⋯　Ⅲ. ①信息经济 - 经济发展 - 研究 - 中国　Ⅳ. ① F492.3

中国版本图书馆 CIP 数据核字（2022）第 082685 号

数字化的力量

出版发行：机械工业出版社（北京市西城区百万庄大街 22 号　邮政编码：100037）
责任编辑：王　芹　　　　　　　　　　　　责任校对：殷　虹
印　　刷：北京联兴盛业印刷股份有限公司
开　　本：170mm×230mm　1/16　　　　　版　　次：2023 年 1 月第 1 版第 2 次印刷
书　　号：ISBN 978-7-111-70809-4　　　　印　　张：16.5
　　　　　　　　　　　　　　　　　　　　定　　价：99.00 元

客服电话：（010）88361066　68326294

CONTENTS ▶ 目录

数字化正给人类社会、行业和组织带来新的变化。数字化创造了新的社会形态，改变了我们对社会的认知方式。对企业来讲，在数字化大潮中，要重塑和客户、供应商、合作伙伴以及员工之间的关系，向客户提供数字化的产品和服务，用数字化来重塑企业运营。在企业进行数字化的组织再造、价值链重构以及拓展新基建业务的过程中，企业经营者都可以读一读这本书，从中获得启发和力量。

——陈果　波士顿咨询董事总经理

郭为先生的《数字化的力量》，不仅从企业的角度讲清楚了数字化给企业发展带来的挑战和机遇，而且从文明的角度讲清楚了产业和社会在数字化浪潮中的进程，以及未来发展方向。这本书值得大家精读细品。

——陈为　正和岛总编辑

20多年前，神州数码就确立了以建设数字中国为核心的理想。这20多年来，在郭为的带领下，神州数码在数字产业、金融科技、智慧城市、制造业等领域辛勤耕耘，提供数字化转型服务，不断创新，为中国的信息化、数字化建设做出了卓越的贡献。我跟郭为认识将近20年了，他非常朴实、低调，是一位实干家，对前沿科技和前沿应用始终保持着高度敏锐的洞察力。他的新书《数字化的力量》，很好地概括了数字化转型的本质——数云原生和场景创新，很好地捕捉到了物理世界与数字世界万物互联、交互融合的特征，体现了数据作为一种新的生产要素，与产业高质量发展、创新融合发展的真谛。我相信，本书可以成为企业家朋友和其他关心数字时代的各界人士领会数字化、驾驭数字化和创新数字化的重要参考和行动指南。

——段永朝　苇草智酷创始合伙人、信息社会 50 人论坛执行主席

优秀企业家的思考是这个时代的宝贵财富。郭为先生在信息技术和数字化领域深耕20多年，掌舵 3 家上市公司，是我们这个时代的"数字英雄"。他的新书《数字化的力量》，没有就"数字化"论数字化，而是从人类文明发展的视角，结合自身的商业实践和深邃思考，洞见了数字化的底层逻辑，以及数字时代的大变局与新机遇。

——樊登　樊登读书 App 创始人、首席内容官

在数字化急需顶层设计和整体转型的关键时刻，大家对信息化与数字化的区别、数字化的演变方向等问题还有诸多困惑。郭为先生的《数字化的力量》一书，凝聚了他 20 多年来对数字化的独到观察和理解，以及神州数码在多个行业积累的数字化建设经验，相信能给企业经营者、行业从业者等提供可借鉴的经验，帮助大家理解"软件定义世界"的本质内涵，从而更好地理解企业价值的创造、重构过程。

——付晓岩　数字化转型与企业架构专家

数字化浪潮奔腾而来，个人和组织要么主动拥抱数字化，要么在等待迟疑中被数字化。对于数字化，我们不仅要"知其然"，更要"知其所以

然"。郭为先生在《数字化的力量》一书中，对"数字化转型"这一时代命题给出了自己的判断，更重要的是，郭为先生在本书中探寻了数字化的来龙去脉、本质内涵，让我们对充满不确定性的数字时代多了几分定力和自信。他在书中提出的"产业数联，共生共赢"，与我之前提出的一个观点——产业数字化和数字产业化是中国弯道超车的重要机会，有异曲同工之妙。书中的"新基建是数字时代的'黄河'"等洞见，体现了企业家思想的穿透力和敏锐的感知力，让人眼前一亮。让我们一起阅读《数字化的力量》，提升数字素养，迈向数字文明的星辰大海。

——**管清友　如是金融研究院院长、首席经济学家**

本书从人类发展的宏观视角展示了数字文明的前世今生，展望了数字社会的未来愿景，也从企业演进变革的微观视角回答了企业数字化转型的诸多问题。本书凝结了作者对数字化的多年思考与实践经验，极具现实意义，值得一读。

——**廖理　清华大学五道口金融学院常务副院长、**
清华大学金融科技研究院院长、金融学讲席教授

数字化正在改变我们的社会。在巨大的机遇面前，如何以批判性思维紧追数字化进程，如何科学合规地运营数据，如何发挥数据科学的最大价值，以及如何有效地运用算法，都是我们需要思考的问题。本书揭开了数字化的面纱，对数字化进行了科普，让每个人都能轻松地了解和掌握数字化的要诀与法门。

——**卢雷　苹果公司大中华区副总裁兼总经理**

从数字文明到数字经济，从数据科学到智能决策，从企业的数字化转型到社会的数字化新基建，作者郭为以他在科技领域多年的实践经验和深度思考，给读者带来了他看到的数字时代的机遇与挑战，也让读者充分感受到了数字化的力量。

——**沈向洋　美国国家工程院外籍院士、微软前全球执行副总裁**

以云原生为核心的新一代数字技术正驱动着人类经济、生活、社会治理的全面变革与发展。数字化的力量体现在认知变革、企业转型、社会底座升级、人类文明升维等诸多方面。这是我从郭为先生基于实践的洞见之作《数字化的力量》中学习到的。

——王文京　用友网络董事长兼 CEO

数字化转型的概念在市场上已经热了近 10 年，很多组织经历了从数字化迷惑到数字化实践的转变，新冠肺炎疫情暴发后又开始了数字化适应与数字化加速。今天，多数组织已经开始践行数字化优先的理念，其目的是增加组织的数字化韧性，重新定义数字化的价值，实现可持续的创新与增长。《数字化的力量》一书适逢其时，作者从自己 30 多年的 ICT（信息和通信技术）行业实践经历中总结、提炼出了关于数字化的真知灼见，并通过严谨的体系架构、生动的实践案例、前瞻的洞察分析对其进行全面阐述，让我们充分感受到了数字化的力量。本书对政策制定者、企业管理者、业务部门负责人、CDO（首席数据官）、CIO（首席信息官）、数字技术人员等都非常有价值。

——武连峰　IDC 中国区副总裁兼首席分析师

我们所处的时代越是充满不确定性，企业就越需要找到并且坚守自己的确定性。数字化转型是这个不确定时代里最确定的力量。从本质上来说，数字化转型是利用数字技术为战略和业务赋能，所以，识别、盘活企业的核心数字资产，构建高效协同的组织能力，才能更好地利用技术、数据来推动业务的变革甚至组织的变革。本书讨论了很多关于企业转型的新观点，也提出了一些可供参考的转型实操思路，我相信这些对很多管理人员来说都非常有价值。

——韦玮　数字化魔方实验室创始人、SAP 大中华区前副总裁、
麦肯锡商学院前联合创始人及首任院长

作者以其细致的观察、深刻的思考，在数字化的历史脉络中抽丝剥茧，在信息社会的未来不确定性中辨析主流，充分展现了一位杰出企业家的智慧和用心，令人信服。本书是近年来同类著作中鲜有的好书，对于渴

望了解数字科技革命所带来的重要新机遇的人们来说，非常值得一读。我希望未来还会有续作。

　　——徐愈　信息化百人会执委、中央网信办信息化发展局原局长

　　数字的产生，改变了人类对客观世界的认知方式；数字化则引发了生产范式和要素变革，全面激发出了人类改造世界的内生动力。在原有的基于物理空间的经济社会体系之外，一个崭新的数字化时空已呈现出巨大的生命力，对生产函数和消费者效用产生了深远影响。作为这一历史宏大叙事的见证者和参与者，作者从文明变迁的视角入手，以技术范式变革为主线，以企业与金融机构的"基因再造"为抓手，充分展现了推动数字化"新基建"的创新精神与家国情怀，相信给各类读者都能带来极佳的阅读体验。

　　——杨涛　中国社科院国家金融与发展实验室副主任

　　未来非已来，已来非未来，只有在颠覆性的数字浪潮中，"未来""已来"才坐在一个板凳上。在信息化时代，郭为带领神州数码建设数字中国；在如今的数字化时代，他诠释了数字化对世界的颠覆与重构。《数字化的力量》实在值得一读。

　　——张国有　北京大学光华管理学院教授，
曾任北京大学副校长、中国管理科学学会会长

　　在不确定的时代，企业面临更多的挑战，以往的内容策划、营销方式、获客方法不灵了。破局之道，就是进行数字化转型。这个过程主要有三个难点：一是设计好组织架构，推动人的转型；二是文化的搭建和落地，这特别需要有数字化素养和远见的领导者来亲自推动与落实；三是要有一套健全的定目标、追过程、拿结果的管理体系。过去20多年，郭为先生带领神州数码推动了企业及社会的数字化转型，他的新书《数字化的力量》，给大家提供了一个数字化的新图谱，让进行数字化转型的企业少付代价，少走弯路，不走错路。

　　——张丽俊　创业酵母创始人、《组织的力量》作者

郭为先生与我同龄同届，自我回国之后，我们多有交流。虽然他经营企业，我做研究，但由于教育背景相似、对国内软件行业有共同的期盼，我们的交谈总能碰撞出灵感，畅快时一醉方休。每次听他侃侃而谈，我都能感受到一个企业家对时代的思考、对产业的抱负和对技术的追求。

从业 30 余年，郭为先生对数字化不断进行着探索和思考，从企业的角度洞察数字化浪潮，深入开展企业数字化实践，形成了很多有意思的观点，并且渐成体系。本书是他多年来实践和思考的阶段性总结。虽然有些观点，我在学术界接触不多，但有些问题，颇有共鸣。

在数字文明的浪潮下，数据呈指数级增长，由此形成的新规则、新知识，为我们揭示了更为真实的万物真相，为我们认识世界、改造世界提供了新的助力。当然，这种影响也可以分为正反两面。正面的例子如谷歌旗下的人工智能公司 DeepMind 推出的蛋白质结构预测工具，它能大幅加快新药物的研发进程。负面的例子如剑桥分析公司通过数据分析和信息精准投放，影响欧美多个国家的大选。有些选举结果完全属于"爆冷门"，震惊了欧美政坛，也颠覆了公众的认知。无论是正面的案例还是负面的案例，都让人们认识到了数据所具有的通晓、预知及自我进化的力量，也使全世界越来越重视数据的巨大价值。如今，对数据的研究及应用，使产业、社会治理等都在进行着深刻的变革。

与此同时，海量数据也对我们提出了挑战。如何认识数据的应用价值，如何读懂数据中所蕴藏的真相，如何从不同的数据源中抽取、归纳、发现知识，用什么工具和理论来存储、管理和分析大数据，以及数据的伦理边界在哪里等问题，成为政府、学术界及产业界的共同课题。数据科学是计算机领域的新制高点，是人工智能的基础，代表了一个国家的软实力。同时，国内的场景需求也出现了爆炸式增长，我们遇到的难题大多是世界前沿的难题。这不仅是挑战，也是机遇。唯有政府、学术界及产业界共同发力，致力于基础研究，创新核心技术，打造原创系统，才能扭转国内软件行业长期被"卡脖子"的现象，在数据科学这一前沿领域跻身世界前列。

在本书中，郭为先生以宏观的视角、大众化的语言，对企业数字化转型的理念、战略及路径提出了建议，颇具借鉴意义。

樊文飞

中国科学院外籍院士
英国皇家学会院士
英国爱丁堡大学信息学院首席教授
深圳计算科学研究院首席科学家

推荐序二 ◂FOREWORD

　　本书作者是一名互联网老兵，亲身见证并参与了 IT（互联网技术）时代向 DT（数据处理技术）时代的演变，深切体会到了数字化带来的巨大改变。他在书中一开篇就提到阿尔文·托夫勒的《第三次浪潮》，描述了这本书在 20 世纪 80 年代初期给中国带来的冲击波。我相信，这对他个人的观念形成和职业发展也产生了巨大影响。

　　同样在当时的中国引起轰动的还有约翰·奈斯比特的《大趋势》。这本书最主要的观点是：我们正在进入信息社会。试想一下，美国当时还处于 IBM 商用机的时代，乔布斯让计算机进入普通家庭的梦想才刚起步，甚至图形界面和鼠标都还没有进入普通人的视野，而 Windows 系统在三年之后才面世。

　　新冠肺炎疫情期间，我又看了一遍《大趋势》。书中提出的十大趋势，除了信息社会，还有高技术与高情感的平衡、世界经济、长期思维、分散化、自主化、共同参与民主制、网络组织、从北到南、选择多样性。后九大趋势不妨看作信息时代社会政治、经济、文化的各种相应变化。从经济层面来看，高技术与高情感的平衡或结合，不正充分体现在 Facebook、微信和抖音上吗？经济的全球化甚至已经发展到反思调整阶段了，网络组织也已经得到普遍认可。从某种程度上来说，奈斯比特当年的判断在 40 年后基本都得到了验证。

当然，做出合理的趋势判断还有个方法问题。奈斯比特的判断基于对当年美国几千份地方性报纸的文本分析，其基本原理是创新发展来源于社会基层。不同国家、不同时代的情况不一样，在今天的中国，我们又该如何把握未来的趋势呢？这同样是值得我们思考的问题。

《数字化的力量》这本书很好地回答了这个问题。作者从他 30 多年的从业经验出发，总结了他对数字时代的深刻认知，并对数字化进行了深度解读，更以自己独特的实践视角，勾勒出数字文明的星辰大海，帮助读者提升认知水平，以获得新的世界观。更重要的是，作者还在新的认知基础上，提出企业数字化转型是对商业模式和企业价值的重构，是对企业竞争力的综合提升，并规划出企业数字化转型的四条可行路径：资产数字化、产业数联、决策数智化和组织无边界化。在书中，作者对这四条路径做了很好的阐释。

我认同并欣赏作者关于数字文明时代企业转型的观点。在时代认知层面，本书可以帮助我们更好地理解数字化的内涵及其深远广泛的影响；在企业转型实操层面，本书也提出了很多可行的思路和路径。从这两个层面来看，本书迈出了坚实的一步，相信对企业经营者会有更多的启发。

未来已来。今天重提托夫勒和奈斯比特，是想强调我们应主动适应并参与创造数字时代的文明，正所谓"脚踏实地，仰望星空"。在企业界，数字化转型已是大势所趋，是已来的未来。本书既是对数字化新文明所做的探索，也是对探索所做的总结，期待这些探索和总结可以引发更多的创新与实践。

陈春花

管理学者

郭为自 2000 年创立神州数码以来，在信息技术和数字化领域持续不断地进行着实践与探索。其间，他对信息技术的应用和发展进行了深刻的思考，积累了丰富的经验。现在，他对这些实践和认识进行了总结并写出来与大家分享，实在是难能可贵。

我们现在正身处数据的海洋当中，大数据已经变成了我们这个时代的符号。数字化演进也因此成为信息系统学科乃至经济管理领域都非常关注的一个话题。信息技术与经济社会活动的融合越来越深入，使得数字化经历了不同的形态。受信息技术快速进步和应用情境动态变化的双重影响，数字化被不断赋予新的内涵。近些年来，数字化的重点也从过去的企业内部信息化，如 ERP（企业资源计划）和"两化融合"[⊖]，发展到当前的企业

⊖　信息化和工业化深度融合发展，即"两化融合"。

与社会的数智化，如基于数智赋能的数字化转型和数字社会。新一轮数字化浪潮正在以前所未有的速度改变我们对世界的认知，颠覆我们的生产和生活方式。

时代的变化如此猛烈，我们应该敏锐、主动地感知和了解这一变化，同时，不管是企业还是个人，都要做好准备并做出响应，因为数字化作为一个时代的主题会伴随我们相当长的时间。郭为作为这一领域的先行者和探索者，对我们所要遇见的、面对的那些变化、冲击和挑战的感受更加深刻，对数字化带来的机遇以及可能的创新和发展空间也更加敏锐。

郭为试图从企业家的视角把自己的感受传递给读者。本书既有实践场景和时代印记，又有凝练的思想和前瞻洞察，从颠覆性技术、经济生态重构和数字驱动引擎的维度对数字化进行了重新审视，并从云原生、数字原生的角度探讨了数字化的新形态，为读者呈现了卓有见地的数字化演进新图景。

陈国青

清华大学文科资深教授

清华大学校学术委员会副主任

清华大学管理科学与工程系教授

2021 年底，虽受新冠肺炎疫情的侵袭，苹果、微软等数字科技公司的股价仍创新高，市值突破 2.5 万亿美元，直逼 3 万亿美元。是什么推动数字科技公司的股价在过去 20 年屡创新高，并使这些公司成为全球经济增长的火车头？是什么使这些公司在过去两年全球经济非常困难的情况下仍然保持高速增长？数字科技的蓬勃发展，带来的是第四次工业革命，还是一个新纪元？

本书追溯过去，着眼现在，展望未来，对数字化的本质及其为人类发展带来的机遇和挑战进行探讨，试图找到上述问题的答案。本书共分为 5章。第 1 章是"奔涌而来的数字文明新浪潮"，从人类文明的进化历程看何为数字化。第 2 章是"颠覆认知的数据科学"，指出人类历史就是认知不断被颠覆的过程，从数学到数据科学的演进更是彻底颠覆了人类认识世界的方式。第3章是"重构企业价值的数字化转型",探讨企业作为社会财富的重要生产单元如何运用数字化,从而更深入地理解数字化的特征和价值。第4章是"基于云原生的技术范式创新",重点探讨数字时代技术范式的特点,以及与传统信息化工具的差别。第5章是"新基建引擎启动,共赢未来",指出基础设施建设(简称基建)既是时代的象征,也是文明进步的标志,而数字化时代的新型基础设施建设(简称新基建)有着崭新的特征,并且为社会发展带来了新动力。我希望从认知的颠覆、技术范式的颠覆、商业模式的颠覆、企业组织方式和产业链的重构,以及以新基建为标志的文明进化新动力等多个维度来探索数字化对我们的影响。

在人类文明的演进过程中,对世界的假设和定义,决定了人类文明的发展方向。古希腊哲人提出了"原子"的概念,把世界定义为是由原子构成的,使人类以物质科学为基础的认知不断进化,从而创造了工业文明的伟大成就。毕达哥拉斯认为世界是数字的,尽管从牛顿开始,人类就已经把数学作为科学的基础,把自然哲学的数字表达作为现代科学的标志,但人类并没有从根本上认识到"世界是数字的"这一真谛。牛顿认为,这个世界是由两部分构成的,一部分是人类永远无法全面了解的客观世界,另一部分是人类能够定义的并与人类共生的世界。近年来,随着数字化的蓬勃发展,新的认知工具——数据科学出现了。在过去400年间,人类文明以前所未有的速度迅猛发展,根本原因就在于科学技术的应用。建立在数学方法上的现代科学技术,让人类意志的力量得到淋漓尽致的发挥,让人类文明持续不断地向前发展。人类对科学的认知是从实验室生成数据到解读数据的过程。今天,数据的生成不仅仅依赖于实验,在商业计算和社会计算的过程中,关于人的行为、人与人的关系、人与自然的关系、自然与自然的关系的数据,无时无刻不在海量地产生,如何收集(包括生产)、治理、分析、应用、展示，以及保证法律上的合规及技术上的安全，已经成为全球关注的焦点。利用数字技术构建的数据关系，将颠覆我们的认知，基于这些数据而产生的数据资产，也为我们实现业务的重构创造了条件。同时，数据科学的迅猛发展也使元宇宙从科幻小说走进现实。元宇宙告诉我们，与物理世界并行着一个数字化的虚拟世界，对这个新世界的认识和改造，将把人类文明带入一个新纪元。

在数字经济时代，企业要么数字化，要么被数字化。企业的数字化过程，是一个重构过程，更是一个再认识过程。在工业文明进程中，受原有条件的制约，我们产生了路径依赖，这导致我们忘记了创立企业的初心。与孔子同时代的亚里士多德，不仅推动了亚历山大图书馆的建立，点亮了人类文明的智慧之光，更提出了具有深远意义的第一性原理——"任何一个系统都有自己的第一性原理，它是一个根基性命题或假设，不能缺省，也不能违反"。同样，任何一个企业都有其存在的根本逻辑，将这些根本逻辑数字化，就形成了企业的数据资产，而数据资产的形成和积累又推动企业在为用户提供产品或服务的过程中形成敏捷的业务流程，进而提升企业的竞争力。今天的社交网络技术极大地支持了企业的无边界成长，而企业的无边界成长又为更多数据资产的形成提供了坚实的基础。那些在大算力和人工智能的支持下实现了决策流程自动化的企业如同旋转的飞轮，能量越来越大，发展速度越来越快，竞争力越来越强。

数字化进程也离不开技术范式的不断颠覆。以云原生为核心的技术范式在数字化时代发挥着越来越重要的作用。对于一般消费者而言，"云"似乎很神秘。其实自从苹果公司生产智能手机以来，我们就已经生活在"云"中了。苹果公司的 App Store（应用商店）里有上百万个 App，每个 App 就是一朵"云"。在数字化时代，数字消费已成为人们消费的一个重要组成部分。过去,我们打电话是按时间计费的,而今天,我们使用的手机网络是按流量计费的,流量消费就是数字消费。如何提供云,如何转换消费方式,是企业云原生的出发点。尽管云原生还不够成熟,但它带来的技术范式的创新,为实现复杂系统的数字原生、系统间的有机统一和进化,以及数据的全流通创造了技术条件。更重要的是,在云原生技术范式的形成过程中,中国企业与世界同步,或许,这是中国企业在全球范围内实现从跟跑、并跑到领跑的逆转的一个契机。

自古以来,基建既是文明的标志,也是文明进化的推动力。亚历山大图书馆是地中海文明的标志,它的建成极大地推动了人类文明的进程。黄河的治理,不仅促进了华夏民族的大融合,也为农耕文明创造了条件。同样,在数字经济时代,基于虚拟世界的新基建,既是数字文明的标志,也是推动数字文明进化的新动力。无论是全球定位系统还是 Zoom 视频会议系统,都属于数字经济时代的新型基础设施。而乡村振兴、化解金融风险以及碳达峰等挑战,既为数字化明确了新的方向,也为中国企业在解决这些挑战的过程中构建新型基础设施提供了方向和依据。

熊彼特对创新的定义是:引入一种新的产品,采用一种新的生产方式,开辟一个新市场,获得一种原料或半成品的新的供给来源,实行一种新的企业组织形式。按照熊彼特的定义,数字化就是一次颠覆式创新,这种颠覆式创新不仅仅体现在产品和原料上,也体现在新的市场、新的生产关系以及企业组织方式上。如今,数据已经成为新的生产要素,与传统生产要素不同,它在以指数级增长的方式滚动产生。

当然,我们必须认识到,数字化演进是建立在前人创新的基础之上的。没有爱迪生效应,就不会有电子管;没有电子管,就不会有电子学;没有电子学,就不会有计算机;没有计算机,就不会有今天的云计算。我们应该向所有的科学家、工程师和企业家致敬。没有工业文明的积累,就不会有数字文明的到来。

　　未来已来。人类经历了农业文明、工业文明，现在正在开启数字文明。从消费过程的移动支付到数字货币，从制造过程的价值传递到价值共享，从传统的空间认知和城市探索到今天基于数字空间的智慧城市，从层级化的官僚体系到基于数据和云平台的共建共治共享新发展理念，从高峡出平湖到运用新基建构造人类生态文明共同体……人类不断突破认知边界，以前所未有的速度创造更辉煌的文明。

奔涌而来的数字文明新浪潮

1980 年，阿尔文·托夫勒在《第三次浪潮》中描绘了未来社会的绚丽蓝图，无数人曾经为之震撼。然而，在 40 多年后的今天，我们惊讶地发现，未来已来，数字文明新浪潮来势浩荡，给人类社会带来了一次又一次冲击。

数字文明并非横空出世。自人类社会形成以来，人类文明就进入了一个漫长的演进过程。从农业文明到工业文明，再到数字文明，每一次新文明的诞生都是以旧文明为基石的，同样，工业文明为数字文明奠定了基石。而计算机的发展为数字文明做好了硬件准备，互联网的出现则创造了一个全新的虚拟世界，为人类打开了通向数字化世界的大门。

回首数字文明的前世今生，我们更加确信，这股新浪潮的到来是一种必然。如今的我们已然站在一个大变革、大调整和大分化的转折点上，我们的选择将决定未来。拥抱变化，拥抱新技术，拥抱数字时代的机遇与挑战，是我们必须要走的路。

未来已来

阿尔文·托夫勒的预言

1980 年，阿尔文·托夫勒出版了《第三次浪潮》，从人类社会文明演进的角度，将人类发展史划分为农业文明、工业文明、信息文明三次浪潮，如图 1-1 所示。

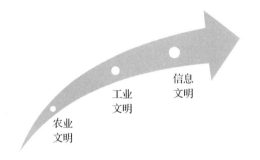

图 1-1　阿尔文·托夫勒对人类发展史的划分

第一次浪潮是农业文明，从约 1 万年前开始。这一阶段，人类从原始野蛮的采集、渔猎社会进入以农业为基础的社会，历时几千年。

第二次浪潮是工业文明，从 17 世纪末开始。它摧毁了古老的农业制度，并以一种极为迅猛的速度席卷欧洲、冲向世界，人类随之进入工业时代。

第三次浪潮是信息文明，从 20 世纪 50 年代后期开始。这股新的浪潮向旧文明发起挑战，不断冲击人类社会的经济、政治、文化等各个领域，渗透到人类生产与生活的方方面面。第三次浪潮以信息技术为主导。正如托夫勒所说："谁掌握了信息，谁就拥有了网络，谁就拥有了整个世界。"[⊖]

在书中，托夫勒还提出了一个振聋发聩的预言：人类将进入信息文明的时代，现代科技的发展将深刻地改变人类的社会结构和生活方式。

20 世纪 80 年代初期，中国刚刚踏上改革开放之旅，从困惑中觉醒的中国人，渴望打破封闭僵化的樊篱，渴望摆脱思想的禁锢。托夫勒的《第三次浪潮》恰逢其时地出现了。它为中国读者描绘了一幅关于未来社会的绚丽蓝图，让中国人对信息社会有了初步认知，并对这种未来社会产生了美好的憧憬与向往。同时，它也给年轻一代带来了巨大的思想冲击，使他们迸发出前所未有的主动性和创造力。

在那段充满激情的岁月里，中国大地上燃起了托夫勒热，无论是知识分子还是工人，都如饥似渴地阅读着这本书，"第三次浪潮"也成为时代热词。1983 年，托夫勒还曾带着他的书和关于第三次浪潮的纪录片来到中国，在一次放映会后，热情的人们如潮水般涌向台前，有人问出了大家的心声："我们是不是已经错过了？我们还能赶上吗？"

如今，40 多年过去了，托夫勒所预言的"未来"已经成了我们的"现在"。托夫勒当年所说的"信息文明"，我们现在称之为"数字文明"，我们每个人都置身其中，感受着新浪潮带来的颠覆与创新。

⊖　托夫勒. 第三次浪潮［M］. 黄明坚，译. 北京：中信出版集团，2018。

在人类历史上，从来没有任何一个时代能像今天这样——科技领域最尖端的进步能够以极快的速度推动产业和商业走向成熟，给亿万普通人的生活带来巨大的变化。这个浪潮是如此宏大、汹涌，以至于我们生活中的所有方面都在经历日新月异的变化，唯一不变的是变化本身。

20世纪80年代初期，那些心潮澎湃地读着《第三次浪潮》的年轻人一定曾大胆期待着新时代的来临，然而，即便拥有最浪漫、最大胆的想象力，恐怕也没有人能预测到，今天我们的生活已全然构建于数字之上。云计算、人工智能（AI）、虚拟现实（VR）、数字孪生、数字原生等不断涌现的新技术，一次次地刷新着人们的认知，从底层改造和重塑了我们的生活方式、消费习惯、生产关系和商业结构。这一点倒是在托夫勒的预料之中，他说："唯一可以确定的是，明天会使我们所有人大吃一惊。"

那个曾经令许多中国人担忧的问题，也有了答案。30年前我刚刚工作时，我们的国家还不能与全球最先进的科技声息相通，也没有全面融入世界资本市场的潮汐涨落。那时，我有幸踏入蓬勃发展的IT行业，隐约感受到数字时代来临前社会上不断涌动的技术与商业机遇。随着科技的突飞猛进，中国进入了有史以来发展最快的几个十年。如今的中国已经成为全球数字科技大国，发展潜力巨大。蓬勃发展的数字技术不断改写着现有的商业格局，重构行业价值链，驱动形成更具全球竞争力的中国新经济，并催生出更多充满活力的本土企业。

面向未来，即便站在今天，我们仍很难精准刻画未来数字时代的全貌。科技和社会的发展是一个宏大的命题，我们永远无法对世界上万千种新奇的创新和创造做出精准的预测。但我非常确信，数字时代的大幕才刚刚拉开，其加速到来的过程将会继续颠覆我们的生活与商业，为我们创造出更加开放、包容、普惠的生态，创造出巨大的市场和社会价值。

点燃数字文明火炬的乔布斯

1980 年是一个值得永远铭记的年份，不仅因为阿尔文·托夫勒在这一年提出了他关于未来的著名预言，更因为在这一年还发生了一件对数字文明的发展进程具有深远影响的事件：史蒂夫·乔布斯创立的苹果电脑公司[⊖]上市了。

1976 年 4 月，年仅 21 岁的乔布斯与他的朋友斯蒂芬·沃兹尼亚克费尽心思筹到了 1300 美元，在自家的车库内成立了苹果电脑公司。这个诞生于车库的小公司，只用了短短四年的时间就成功上市了，并最终发展成为世界上最有价值的公司之一，开启了一个属于苹果公司的创新时代。

在整个创业历程中，乔布斯一直站在科技领域的最前沿。在他的领导下，苹果电脑公司开发出了一系列具有开创性的高科技产品，每一款都是经典，都透着乔布斯的创新精神。简单、极致、与众不同，是苹果公司的产品带给人们的感觉，也是乔布斯的终极追求。在当下这个用户体验为先的时代，苹果公司通过视觉艺术与技术创新的完美结合，真正使消费者享受到了科技与艺术相融合的产品与服务。尽管乔布斯已经逝去，但他的精神仍在不断地激励着苹果公司创造最佳用户体验，不断调整商业模式，进行一次次创新尝试。可以说，是他开启了以数字技术为导向的科技革命。

乔布斯为人类和社会做出了巨大的贡献，但有一点一直被人们忽视，那就是他对数字文明的贡献。很多人只知道乔布斯是苹果公司的创始人，是创新者，是企业家，但并未意识到乔布斯是数字经济的奠基者之一，

⊖　2007 年，苹果电脑公司改名为苹果公司。

是数字时代的伟大旗手，正是他点燃了数字文明的火炬。

2007 年 1 月 9 日，在苹果公司 Macworld 大会上，乔布斯向人们展示了一款名为"iPhone"的产品，它整合了 iPod、手机和互联网通信设备等产品的功能，乔布斯将其称为"革命性的移动电话"。

iPhone 是一款划时代的产品，它重新定义了智能手机。当时，全世界都理所当然地认为手机应该是诺基亚、摩托罗拉设计的形象，但乔布斯带来的这款完全没有任何键盘、不能自由拆卸电池、极具美学价值的大屏幕手机，彻底颠覆了人们对手机的认知。iPhone 以多点触控屏幕和强大的 iOS 智能生态系统，又一次实现了乔布斯改变世界的梦想。以这次震惊世界的颠覆为起点，此前仅用于通信的手机全力向智能时代进发，为数字经济的发展带来了革命性的转折。

iPhone 开启了数字消费时代。iPhone 带来了智能手机的快速发展和广泛应用。与功能手机相比，智能手机的娱乐属性开始加强，而且随着阅读、游戏、社交、移动办公等类 App 的不断涌现，大部分用户使用智能手机已经不再只是为了通信，而在于满足生活、社交、出行、娱乐、工作、教育等多种需求。由此，数字内容的生产和消费成为现代人生活中不可或缺的一部分。如今，人们不但养成了为数字内容付费的消费习惯，实现了基于移动终端的多元领域和全新场景消费，还形成了完整的消费闭环。数字内容的消费人群越来越广泛，甚至向低龄化和老年化两极延伸。伴随着新年龄段用户的加入，数字内容更加多元化，数字内容的生态链也变得更长。这一切，都是以 iPhone 的问世为开端的。

iPhone 的云服务模式也是乔布斯对数字经济的一大贡献。苹果公司是第一个将云服务带给消费者的企业，从 iTunes 云音乐服务到各种应用汇集的 App Store，iPhone 创新了云和大数据的消费新模式。云服务通过互联网为用户提供计算、存储等各种服务。得益于云服务，人们可以通过云端在任何时间、任何地点存储并访问自己的音乐、照片、应用程序、日历、文档等，从而获得更好的用户体验。而云服务的价值不止于此，随着产业与数字科技融合的日益加速，云服务已经深入各行各业，成为促进它们向数字化转型升级的引擎。

更重要的是，iPhone 向人类展示了数据的价值和魅力，让人们开始认识到，数据既是消费品，也是资产，更是一种新型生产要素，是可以反复使用的资源，人们可以利用大数据创造出更高的价值。正如大数据研究专家维克托·迈尔－舍恩伯格与肯尼思·库克耶在《大数据时代》中所说："数据已经成为有价值的公司资产、重要的经济投入和新兴商业模式的基石。虽然数据还没有被列入企业的资产负债表，但这只是一个时间问题。人们必须意识到数据的价值，并合理加以利用。"⊖乔布斯创建了数据供应链，展现了数据的弹性，更让人们认识到，数据可以帮助人们做出更准确的决策，可以为业务赋能，可以在一些行业带来颠覆性的变革。

值得一提的是，乔布斯本人就是利用大数据的先锋。不幸罹患胰腺癌后，乔布斯与病魔进行了长达 8 年的不懈抗争，创造了人类抗击胰腺癌历史上的一个奇迹。要知道，胰腺癌恶化程度非常高，被称为"万癌之王"，生存率极低，病人出现胰腺癌症状后平均寿命约 9 个月，5 年生存率不到 2%。而乔布斯罹患胰腺癌后之所以还能活 8 年之久，一个重要的原因就在于他对数据的充分利用。

在得知自己罹患癌症之后，一向对数据尤为重视的乔布斯决定利用数据分析来筛选治疗方案，以此来寻找更适合自己的方案。比如，他根据自己的癌症分子来选择合适的靶向治疗药物，对自己的身体变化以及

⊖　迈尔－舍恩伯格，库克耶. 大数据时代：生活、工作与思维的大变革［M］. 盛杨燕，周涛，译. 杭州：浙江人民出版社，2013.

治疗过程中的各项医疗数据进行记录和监控，并时常针对这些数据与医生进行讨论、分析。同时，他还对自己的 DNA 尤其是肿瘤 DNA 进行排序，在他之前，从未有人这样做过。通过这些数据，医生们就能更有针对性地为乔布斯制订治疗方案，并适时进行调整。虽然乔布斯最终因癌细胞扩散到全身而去世，但他的抗癌故事却成为利用大数据进行医疗决策的经典案例。⊖

作为企业家，乔布斯通过苹果公司的成功实践，把托夫勒预言中的"未来"变成了"现在"。很多人说乔布斯创造了一个新的时代，但他的价值远不止于此，他是数字经济时代当之无愧的奠基人。

数字文明的前世今生

工业文明是数字文明的基石

从托夫勒的预言到乔布斯的实践，我们看到，世界已经开启了新的纪元，一个复杂、灿烂、精彩和不可知的数字时代正式开启。

如何理解我们身处的这个时代？

如今，"地球是圆的"已经是一个人尽皆知的常识了，然而，当我们站在高楼上眺望远处的地平线时，会发现地球更像是平的。之所以会产生这样的错觉，是因为与地球相比，人类实在是太渺小了，而且，我们就站在地球上，正所谓"不识庐山真面目，只缘身在此山中"。而宇航

⊖　迈尔 – 舍恩伯格，库克耶. 大数据时代：生活、工作与思维的大变革［M］. 盛杨燕，周涛，译. 杭州：浙江人民出版社，2013.

员们在空间站看地球，一眼就能看出地球是圆的。其实，无论在自然界中，还是在日常生活中，这样的错觉都常常存在。因为我们置身其中，因为我们作为个体太过渺小，所以，我们无法准确判断所处环境的真面目。尤其当这个外在环境还处于不断发展变化之中时，我们更容易误判。

当我们看不清时代真面目的时候，我们可以拉开与时代的距离，从历史的视角，追根溯源，去重新认识我们正在经历的这种文明。

每一次浪潮的涌起甚至文明的跃迁都不是一蹴而就的，而是由量变积累而引起的质变与飞跃。每一个时代的发展也都会为下一个时代构筑坚固的底层基础，为文明跃迁提供思想准备、技术准备和现实条件。要探究数字文明的发展脉络，我们必须追溯到工业文明时代。

历史上文明的更迭，往往与科学技术的发展有着密不可分的关系。从某种程度上来说，人类社会的发展史实际上是一部技术发展史。每一次重大的技术发明，不仅解放了当时的生产力，而且会使人类文明发生重大的改变。

人类经历了漫长的采集、渔猎文明，约 1 万年前，进入农业文明，又在农业文明中缓慢地发展了几千年，随后进入工业文明，开始加速发展。18 世纪发轫于英国的技术革命是技术发展史上的一次重要革命，它开创了以机器代替手工工具的时代。这场革命是以工作机的诞生为开端的。1733 年，约翰·凯伊发明了"飞梭"，织布的速度因此得到了大幅提高，棉纱这种原材料因此变得供不应求。18 世纪 60 年代，纺织工人哈格里夫斯发明了"珍妮纺纱机"，这个新发明使棉纺织业迎来了腾飞，并引发了一系列发明机器、进行技术革新的连锁反应，揭开了工业革命的序幕。一系列新发明开始涌现，比如，在棉纺织业中出现了水力织布机等先进机器，在采煤、冶金等许多工业部门也陆续有了机器生产。随着机器生产在各行各业的日益普及，畜力、水力和风力等动力已经不能满足工业生产的需要。

18 世纪 60 年代，瓦特对蒸汽机进行了改良，改良后新型蒸汽机的使用为工业生产提供了更加便利的动力，因此得到迅速推广，进一步推动了机器生产的普及和发展。第一次工业革命由此爆发。

这不只是一次技术革新，更引发了一场根本性的社会变革。随着工业生产中机器生产逐渐取代手工操作，为了更好地进行生产管理，提高效率，资本家开始建造厂房，引进机器，并雇用越来越多的工人进行集中生产，于是，一种前所未有的生产组织形式——工厂诞生了。作为工业化生产最主要的组织形式，工厂发挥着日益重要的作用。第一次工业革命为人类社会带来了颠覆性的变革，对推动人类的现代化进程起到了不可替代的作用，把人类推向了崭新的蒸汽时代，也使人类社会完成了从传统农业社会向现代工业社会的重要转变。

19 世纪，随着资本主义经济的发展，自然科学研究也获得了长足进步，各种新技术、新发明层出不穷。1866 年，德国人维尔纳·冯·西门子发明了自励式直流发电机，将机械能转化为电能。后来经过持续的改进，到 19 世纪 70 年代，实际可用的发电机问世。1879 年，西门子又制造了电动机，将电能再转变为机械能，实现了科技与技术的紧密结合。同年 10 月 21 日，美国发明家托马斯·阿尔瓦·爱迪生经过长期的反复试验，终于点燃了世界上第一盏有实用价值的白炽灯。三年后，爱迪生在美国建立了世界上第一座发电厂，这座发电厂利用蒸汽机驱动直流发电机，使电力第一次真正在人类生活中得到使用。从那之后，通过变电站和输电线路，廉价的电力被源源不断地输送至工厂和千家万户。

随着第二次工业革命的蓬勃兴起，人类从蒸汽时代进入了电气时代。

第二次工业革命进一步增强了人们的生产能力，改变了人们的生活方式，扩大了人们的活动范围，加强了人与人之间的交流。

工业文明是一种极富活力和创造性的文明，工业时代虽然只有短短的两三百年，却奇迹般地改变了世界，为人类社会带来了经济的增长、制度的完善、生活方式的改善，以及科学技术的进步。这种改变对整个人类文明的发展影响深远。

工业文明创造的新成就、新文明为人类迈入数字文明奠定了坚实的物质基础、技术基础。如果没有工业时代的积累，人类社会向数字文明的跃迁也就无从谈起。从这个角度来说，工业文明正是数字文明的基石。回顾工业文明的发展历程，我们对数字文明的理解会更加深刻。

一颗种子，要经历生根发芽、生长枝叶、开花受粉，最终才能结出果实，人类文明的进程也是如此。工业文明对数字文明的另一个重要贡献在于，对数字文明产生了深远影响的第四次信息技术革命正是发轫于工业时代。

回望历史的长河，人类社会曾经历过五次信息技术革命，如图 1-2 所示。

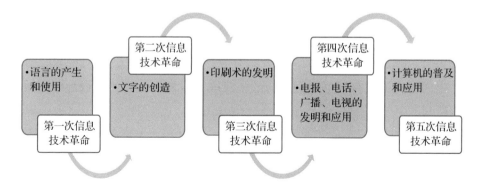

图 1-2　人类历史上的五次信息技术革命

第一次信息技术革命是语言的产生和使用带来的，是人类历史上最初的、最伟大的信息技术革命，也是人类进化和文明发展的一个至关重要的里程碑。语言的出现促进了人类思维能力的提高，并为人们相互交流思想、传递信息提供了有效的工具。

第二次信息技术革命以文字的创造为标志。大约在公元前 3500 年，文字开始出现，被人类作为信息的载体。这种新的信息形式的出现，使知识、经验得以长期保存，信息交流也不再受时间、空间的限制，长距离及隔代传递信息成为现实。

第三次信息技术革命以印刷术的发明为标志。印刷术极大地促进了信息的共享，使人类文化的传播更加深刻、久远。我国四大发明中的造纸术与印刷术都为此做出了巨大的贡献。

第四次信息技术革命是电报、电话、广播、电视的发明和应用。1844 年 5 月 24 日，美国人莫尔斯通过实验线路发出了人类有史以来的第一封电报。虽然这封电报的传输距离只有 40 英里[⊖]，但它标志着第四次信息技术革命开始了。此后，电信事业得到了飞速发展。电话、广播、电视等信息传播手段的广泛普及，使人类的经济和文化生活发生了革命性的变化。

第五次信息技术革命是从 20 世纪四五十年代开始的，其标志是计算机的普及和应用。1946 年，世界上第一台通用计算机 ENIAC 问世，它的出现使得通过存储器记载虚拟的信息成为可能，信息的普遍数字化成为趋势，人类从此进入了"0"和"1"的世界。

此时的计算机是以电子管为基本电子元器件的，ENIAC 用了约 1.8

⊖ 1 英里 = 1.609 344 千米。

万个电子管。电子管的脆弱、低效让业界迫切期望能有可靠、小型且便宜的替代品出现。1947 年圣诞节前夕，贝尔实验室的肖克利、巴丁和布拉顿通过一个名为"晶体管"的小元器件放大了微弱的电子信号，实现了科技史上一次壮丽的跨越。晶体管的发明，是人类在电子方面的一大飞跃，这个后来被誉为"20 世纪最伟大的发明"的小东西为集成电路、微处理器以及计算机内存的产生创造了可能。

1955 年，被称为"半导体教父"的肖克利离开贝尔实验室，并于 1956 年创立了肖克利半导体实验室。由于研究进展不佳，加上实验室管理不善，肖克利和他的职员发生了冲突，使得八位工程师在 1957 年离开了他的实验室。这八位工程师后来被称为"八叛逆"，他们离开肖克利实验室后创办了仙童半导体公司（Fairchild Semiconductor）。要了解计算机的发展史，仙童半导体公司是一个绕不开的名字。我们现在所熟知的集成电路技术、摩尔定律都来源于仙童半导体公司。

到 1967 年，已经在商业上取得巨大成功的仙童半导体公司受制于母公司不断将利润转移到东海岸以支持其摄影器材业务，开始不断经历创始人出走。其中斯波克、雷蒙德等人在 1967 年创办了国民半导体公司（National Semiconductor），桑德斯在 1968 年创办了 AMD 公司。到 1968 年，"八叛逆"中的最后两位罗伯特·诺伊斯和戈登·摩尔也创办了他们自己的公司英特尔，并由此开启了一段激荡至今的伟大征程。

1969 年，英特尔推出其第一批产品——64KB 的双极静态随机存储器，由于这个产品性价比很高，到 20 世纪 70 年代，英特尔一度占有存储器市场 90% 的份额。然而同一时期，日本的企业通过动态随机存储器（DRAM）获得了更高的产品可靠性，进而发动了大规模的价格战，所有订单定价都比英特尔低 10%，使得英特尔的市场占有率很快跌落到 20% 以下。到 20 世纪 80 年代末，全球最大的十家半导体公司中有六家来自日本。

面对激烈的竞争，英特尔不得不放弃最初为公司带来成功的存储器产品，转而进军全新的微处理器市场。这不仅将美国的芯片公司重新推向产业制高点，推动了新业态的形成，而且为芯片代工产业的兴起和繁荣创造了有利的条件。

在这场美国和日本科技公司"神仙打架"的科技战中，1983年，祖籍宁波的张忠谋辞去美国半导体巨头德州仪器资深副总裁职务回到中国台湾，于1987年成立了台湾积体电路制造股份有限公司，也就是今天的台积电，它首创了晶圆代工商业模式。1988年，台积电拿到了英特尔资质认证和产品代工订单，不仅得到了世界级的认证，也通过为英特尔代工建立起符合国际化标准的生产能力。

从1947年晶体管的诞生，到半导体的发明，到大规模集成电路的应用，再到模拟电路向数字电路的升级，人类在微电子领域的每一次进步，都隐约指向云原生和数字原生。在前数字时代，这是一个朦胧而辉煌的未来。

英特尔使计算机走向了集成化、高性能、小型化，计算机的发展由此进入了大型机和小型机时代。此时，被称为"蓝色巨人"的IBM无论在技术上还是在市场上都是计算机世界的霸主，它开启了商业计算机的时代。不过，在20世纪六七十年代，计算机仍然是笨重、庞大且昂贵的，而且IBM的计算机售价都在每台百万美元以上，不可能进入寻常百姓家。

1976年，乔布斯率领苹果电脑公司开发出了Apple I，这台被认为是世界上第一台通用的和可商业化的个人计算机的问世，把计算机这种过去只有科研机构和大型企业才能用得起的巨型设备送到了普通人的桌面上。

苹果电脑的出现对 IBM 和微软的产品开发起到了重要的催化作用。20 世纪 80 年代，IBM 组织独立的开发团队采用英特尔芯片和第三方软件开发出 IBM PC 5150，微软为其配套开发的 DOS 操作系统也开始崭露头角，个人计算机时代真正开启。随着微软的 Windows 操作系统和英特尔 80286、80386、80486 等芯片的问世，个人计算机市场逐渐成熟，并从台式计算机向笔记本计算机演变，由微软和英特尔组成的 Wintel[⊖]帝国成为个人计算机特别是笔记本计算机时代的新霸主。到了 20 世纪 90 年代末期，全球个人计算机普及率已经达到 7.06%，是 1990 年普及率的近 3 倍，其中发达国家和地区的普及率更是高达 20% ～ 45%。

数字经济发展的起步是以信息的数字化为主要标志的，存储器计算的二进制语言使信息的数字化成为现实。这种指令化语言具备可复制、格式化、跨越空间和时间等特点，更便于对数据和信息进行加工和处理，更利于信息的快速传播和准确处理，并且将人类从一部分重复计算的脑力劳动中解放出来，使其得以进一步加强对知识和创新的关注。由此，人类进入了数字时代的前夜。

互联网创造的虚拟世界

如果说计算机的发展为数字文明做好了硬件准备，那么，互联网的出现则完全开启了一个新的时代。互联网为人类的经济社会活动建立了一个虚拟的"映射"，从现实世界投影到了虚拟世界，这个虚拟世界不仅改变了现实世界的信息形态，还通过大量的软件和信息服务创造了多种多样的语言和图形等信息表达形式，帮助人类更快地进入数字时代。

20 世纪的最后 10 年，当因特网（Internet）异军突起时，没有人能

⊖　Wintel 指的是微软与英特尔的商业联盟，该联盟意图并成功地取代了 IBM 公司在个人计算机市场上的主导地位。

想到它会在不到 30 年的时间内从军事领域、高等学府推广到普通公众的桌面上。这得益于 TCP/IP（传输控制协议 / 因特网互联协议）对网络数据传输的标准化，它推动了网络设备（交换机、路由器等）、各种类型的连接链路、服务器和不同的计算机等终端之间的连接，使因特网的商业用户数在 1991 年第一次超过了学术用户数。同时也得益于新颖的检索方式和商业模式，20 世纪 90 年代出现了便捷的网页浏览器和搜索引擎，方便了公众搜索信息。随后出现的大量商业化软件，更是将公众的信息处理需求显化，而随着互联网信息服务的不断丰富，桌面互联网所构造的数字世界也逐渐形成。2000 年，全球互联网用户数达到 3.66 亿，并达到近 50% 的年增长率。

进入 21 世纪以来，随着移动通信技术的迅猛发展、移动通信设备的推陈出新，以及移动智能终端的快速普及，移动互联网在整个世界都实现了突破性的发展。全球移动互联网的增长速度远远高于桌面互联网的增长速度，从笔记本计算机到智能手机、可穿戴设备、智能家居乃至未来的智能（无人驾驶）汽车等，智能设备和相关产品都处于持续加速增长中，运营商、移动终端制造商、互联网企业和内容提供商纷纷推出各自的移动互联网战略，抢占移动互联的巨大市场。至此，桌面互联网和移动互联网不仅突破了时间和空间的界限，还创新了信息来源和信息搜集方式，创造了移动互联的新世界。

与互联网的迅猛发展相匹配的，是人们对数字经济理解、认识的再升华。20 世纪 90 年代末，美国引领全球开启对数字经济的研究，美国商务部关注数字经济的经济影响和政策意义，经济界和未来学家对数字经济是否颠覆了以新古典经济学为主流的经济学框架产生了分歧。此时，中国、韩国、新加坡等国家的经济赶超也正在改变世界互联网发展格局，越来越多的国家和地区参与到数字经济的发展中。

　　而伴随着人们将视线越来越多地投向数字经济，"大数据"（big data）的概念快速流行起来。过去，"大数据"并未得到太多关注，即便 2008 年《自然》杂志为其开辟了封面专栏也没有引起普通大众的注意。那时"大数据"对政策的影响就更是微乎其微。然而仅几年时间，"大数据"就成为全球最流行的词汇，美国、英国、法国、德国、日本、澳大利亚、加拿大、新西兰、新加坡等国家都纷纷制定出台大数据国家战略，我国也确立了国家大数据战略，发布了《促进大数据发展行动纲要》，明确要将大数据发展作为国家级战略进行部署、推进。

　　时至今日，随着区块链、人工智能、5G、隐私计算、数字孪生、数字原生等诸多新兴技术的发展，大数据似乎显得有些过时了，然而作为新一代信息技术产业的新兴增长点和支撑点，作为数字化转型举措中最基础、最不可或缺和不可跳过的一环，其市场发展从未止步。2021 年 6 月，IDC 发布了《中国大数据平台市场研究报告 – 2020》。根据这份报告，2020 年全球大数据软件市场规模达 4813.6 亿元，微软、Oracle、SAP 作为排名前三的厂商占据了 30% 以上的市场份额；2020 年中国大数据市场规模达 677.3 亿元，其中软件部分市场规模为 92.2 亿元，硬件部分市场规模高达 585.1 亿元。

　　大数据是数字技术深入发展的必然结果，它直指数字经济时代的核心——海量、多样的数据产生的价值。如果说互联网创造了虚拟世界，那么大数据与云计算、人工智能以及众多新兴技术一起，打开了通向数字化世界的大门。

从数字孪生到数字原生

　　计算机和互联网的不断发展与演进，使人类社会的信息化得到了进一步普及。通过信息化革命，人们可以从繁复的劳动中得到初步解放，从而将更多精力投入到创造性的工作当中，使技术进步呈加速状态。通过各种信息化技术，人类还可以将物理世界的局部映射到虚拟空间，实现对物理世界的模拟、仿真，进而实现对其更为深刻的理解，"数字孪生"（Digital Twins）由此诞生。

"数字孪生"这一概念源于美国，由密歇根大学教授迈克尔·格里弗斯（Michael Grieves）于 2002 年提出。他在一篇文章中首次提到"Digital Twins"，并认为通过物理设备的数据，可以在虚拟（信息）空间构建一个可以表征该物理设备的虚拟实体和子系统。

如何理解数字孪生？电影《钢铁侠》中的一个场景或许有所帮助：男主角托尼·斯塔克为自己打造了一件钢铁战甲，他在对这件战甲进行设计、维修和优化的时候，没有使用图纸，而是在一个数字化的虚拟模型上进行操作。通过这个数字化的虚拟模型，托尼·斯塔克对战甲的运行状态了如指掌。这个场景体现了电影工业者对未来设计场景的美好幻想，而今天，这种技术被称为"数字孪生"。

美国航空航天局（NASA）对数字孪生的定义是：数字孪生是指充分利用物理模型、传感器、运行历史等数据，集成多学科、多尺度的仿真过程，它作为在虚拟空间中对物理实体产品的映射，反映了相对应物理实体产品的全生命周期过程。简单来说，数字孪生就是利用数字技术，将现实世界的物体、系统以及流程等实时映射到虚拟空间，生成一个数字化的"克隆体"。

首先将数字孪生的理念应用于实践中的也是 NASA，它为其"阿波罗计划"开发了两个相同的太空飞行器，留在地球上的飞行器被称为"孪生体"，用来反映正在执行任务的空间飞行器的状态。NASA 之所以会成为数字孪生的先驱者，是有历史渊源的，早在 20 世纪 70 年代，NASA 内部就已孕育出"孪生"的基本思想，并因此度过了一次前所未有的危机。

　　1970 年 4 月 13 日，飞往月球的阿波罗 13 号宇宙飞船出现了故障，宇宙飞船和宇航员们的安全都受到了严重的威胁。在人类探索太空的历史上，这样的状况还是第一次发生。此时，登月已经不可能了，如何保全宇航员的性命，让他们安全回家，成了航天员和数千名 NASA 地面支持人员关注的焦点。

　　为了确认哪些系统还能正常工作，哪些系统已经损坏，宇航员们不断地打开、关闭不同的系统。地面控制中心综合各方面的信息，利用地面仿真系统快速而准确地诊断出问题所在。这套完整的、高水准的地面仿真系统，是一个模拟器，原本是用来培训宇航员的，包含了宇航员在太空中可能用到的所有任务操作，对多种故障场景的处理也进行了模拟。在整个太空计划中，模拟器是技术最复杂的部分，在模拟培训中，唯有乘员、座舱和任务控制台是真实的，其他所有的一切都是由计算机、浩如烟海的公式以及经验丰富的技术人员创造出来的。

　　在对宇宙飞船的受损程度以及电力、氧气和饮用水的剩余量等进行考量和权衡后，NASA 制订了一个大胆的、令人震惊的返回地球计划。但这个计划远远超出了飞船设计的边界，从来没有人实践过，谁也不知道它究竟是否可行。而且，试错的成本异常高昂，因为一旦出现任何纰漏，宇航员们就再也没有回家的机会了。

　　为了确保这个计划万无一失，地面控制中心对模拟器进行调整，使其适配阿波罗 13 号当前的配置及状态，按质量、重心、推力等参数为这艘飞船的主机进行了重新编程，又与登月舱制造厂商协同工作，确定了新的着陆过程。然后，安排后备宇航员在模拟器上进行操作演练，结果证明这个计划的确可行，这极大地增强了地面控制人员与宇航员们的信心。

最终，宇航员们死里逃生，平安回到地球。阿波罗 13 号能成功返回地球，模拟器功不可没。

从某种程度上来说，这个模拟器正是现在风靡一时的数字孪生的一次现实应用。正是因为早就认识到了"孪生"的重要性，NASA 才尤为重视数字孪生的作用，并将其率先应用于航天领域。

数字孪生最重要的特征是虚实映射。虚实映射指的是物理实体和数字化模型之间的双向映射，它是通过对物理实体构建数字化模型实现的。因为这一特征，数字孪生为 CPS（Cyber-Physical Systems，信息物理系统）的建设提供了基础，是实现 CPS 的最佳技术。CPS 的目标就是实现虚实融合，把人、机、物互联，将物理世界和虚拟世界彻底融合于一体，通过大数据分析、云计算、人工智能等数字技术在虚拟世界的仿真分析和预测，以最优的结果驱动物理世界的良性运转。而数字孪生使其成为现实，并且可以在虚拟空间中对现实世界的运行框架和体系进行复制，为人类社会创造一个大规模协作的新体系。这为工业制造、智慧教育、智能交通、智能家居等提供了新的转型路径和变革动力。

在新冠肺炎疫情期间，武汉第二座"小汤山医院"——雷神山医院之所以能以令人惊叹的速度建成，就是因为它充分利用了数字孪生技术。雷神山医院是一所应急传染病医院，采用传染病医院标准的"三区两通道"设计，流程极其复杂，设计难度很大，而疫情的迅猛扩散又要求它快速建成并投入使用，怎么才能解决这种难度高和时间紧的矛盾呢？临危受命的中南建筑设计院（CSADI）采用建筑信息建模（BIM）技术，为雷神山医院创造了一个数字化的"孪生兄弟"，并根据项目需求，利用BIM技术指导和验证设计，大大提高了设计效率。

数字孪生诞生于工程领域，后被延伸到更广阔的领域，比如城市建设与管理领域。数字孪生城市的出现，刷新了人们对未来城市的想象。

雄安新区在规划之初就提出："坚持数字城市与现实城市同步规划、同步建设，适度超前布局智能基础设施，推动全域智能化应用服务实时可控，建立健全大数据资产管理体系，打造具有深度学习能力、全球领先的数字城市。"⊖

如果你去过雄安新区，一定会被工程机械林立、车辆往来穿梭、工人昼夜施工的建设场景所震撼，但你可能想象不到，还有一个更令人震撼的"云上雄安"数字智能之城正在同步建设。智能交通基础设施、块数据平台、超级计算（简称超算）云中心、自主可控区块链平台、城市信息模型（CIM）平台……一批又一批城市级智能平台的搭建，不断推进雄安新区的数字孪生城市建设。在人类城市建设的历史上，"数字城市"与"物理城市"第一次同步建设，共同生长。

中国城市规划设计研究院前院长杨保军曾经对雄安新区的数字孪生城市的价值进行过总结："将来一些决策付诸实施前，可先在虚拟城市模拟运行，根据效果再在现实城市建造或运行。雄安将成为智能城市建设的样本。"

⊖ 引自中共河北省委、河北省人民政府编制的《河北雄安新区规划纲要》。

城市与数字的虚实结合，在雄安新区将演变为一种现实。这种敢为天下先的尝试，充分代表了我国在智慧城市领域新的发力方向。由于数字经济及新基建的持续赋能，我国在数字孪生城市建设上一定会呈现领先之势。

在 2019 年中国国际大数据产业博览会上，《失控：全人类的最终命运和结局》的作者凯文·凯利（kevin kelly）发表了一场关于"镜像世界"的精彩演讲。凯文·凯利曾经多次提及"镜像世界"的概念，在他看来，"镜像世界"是互联网发展史上第三个具有开创性和颠覆性意义的技术平台。第一个是互联网，它将信息数字化；第二个是社交媒体，它将人类数字化；而"镜像世界"则将整个世界数字化。从本质上来说，凯文·凯利的"镜像世界"就是从大众的视角对数字孪生的一次诠释，而数字孪生则是促使"镜像世界"的美好愿景更快实现的推动力量。

数字孪生引领着我们从物理世界向数字世界迁徙，随着我们的探索越来越深入，我们思考问题的方式也逐渐由以物理世界为重心向以数字世界为中心迁移，数字原生应运而生。

走向数字原生

在任何一个时代，我们想要实现颠覆性认知，想要进行自我革新，都必须回到事情的原点上去，必须透过现象看本质。要理解数字原生，我们也必须回到我们的初心：我们追求数字化的根本目的是什么？实际上，我们所做的一切，都是为了让人们生活得更好、更幸福。

我们是否做到了这一点？答案是肯定的。今天无论你走到哪里，只要有一部手机，就可以非常方便地解决几乎所有问题。当你消费时，移动支付可以帮助你；当你需要预订旅行的机票或火车票时，在线旅游平台会帮助你；当你需要出门时，各种打车软件会帮助你，你还可以找代驾；当你想听音乐时，在线音乐平台可以帮助你；如果你想看视频，各种视频 App 可供你选择；如果你想购物，不需要到商场，只要在手机上挑选下单就可以。今天你的活动都可以通过手机连接各种云的服务来实现，而后台也会根据你的个人行为数据特征，为你推送更适合你的各种服务。而我们之所以能实现如此便捷的生活，正是因为有数字原生。

数字原生是指企业的产品及服务、运营流程、管理方式、战略决策、业务模式、市场策略等各个方面都是基于数字科技创造的条件进行设计的，是以数字世界为中心的思考方式。云原生、人工智能原生、区块链原生、物联网原生、5G 原生等都是实现数字原生的手段。

订阅式、点播式是数字原生的重要形态。正因为如此，我们只要使用手机，其实就已经生活在数字原生中了。而我们通过手机消费时所产生、消费的数据，又会转化成生产要素，在后台经过计算后不断地优化我们的体验。

数字原生是所有企业数字化转型的目标。数字技术将会重塑企业，使其具有云与智能的架构和能力，使整个企业的生产销售、业务需求、组织架构、人力资源配置、管理文化、战略愿景都围绕着数字世界展开。

尤其是像亚马逊这样的数字原生企业，在创立之时就以数字世界为根基，便捷地获取和存储了海量的数据，并尝试通过机器学习等人工智能技术分析这些数据，从而更好地理解用户需求，不断提高数字化创新能力，促进自身的蓬勃发展。

如今，我们正向着数字原生迈进，物理世界和数字世界将更加紧密耦合，数字经济将步入从量变到质变的新阶段。

元宇宙：数字文明的创世之作

1992 年，尼尔·斯蒂芬森（Neal Stephenson）在他的科幻小说《雪崩》（*Snow Crash*）中创造了"元宇宙"（Metaverse）的概念。在书中，他是这样描述元宇宙的："戴上耳机和目镜，找到连接终端，就能够以虚拟分身的方式进入由计算机模拟、与真实世界平行的虚拟空间。"小说中的主角是一位外卖员，现实中与人合租了一个狭窄逼仄的小仓房，但当他将自己接入"元宇宙"时，就会置身于虚拟的豪宅中。

这样的场景也曾经出现在史蒂文·斯皮尔伯格导演的电影《头号玩家》中，人们纷纷逃离令人崩溃的现实生活，戴着 VR 设备前往虚拟世界，在那里寻找更精彩的人生。在虚拟世界里，人们可以成为超级英雄，轻而易举地实现自己的梦想，品尝成功的滋味。

科幻让想象力插上了翅膀，然而，这一切并非遥不可及，在数字时代，我们已经一步步走近元宇宙。

什么是元宇宙？像其他的一些前沿科技一样，元宇宙也没有明确的定义。回归概念的本质，我们可以将其理解为基于传统网络空间和未来互联网的，随着多种数字技术成熟度的提升而构建形成的既映射于又独立于现实世界的，具有连接感知和共享特征的虚拟世界。同时，元宇宙并不是一个简单的虚拟空间，它将网络、硬件终端和用户囊括进一个永续的、广覆盖的虚拟现实系统之中，这个系统中既有现实世界的数字化复制物，也有虚拟世界的创造物。它将现实世界的运行逻辑引入了数字世界，使人类能以更原始和更高维的感受与数字世界交互。

我去徐州参观时，曾经对建筑学家、规划大师吴良镛为徐州所做的城市规划赞叹不已。吴良镛教授以山水视角来进行地理空间的布局，对徐州的空间格局、重大基础设施、文化环境等都进行了科学的规划设计，打造了一个独具魅力的山水园林城市。这些规划设计都得益于吴良镛教授创建的人居环境科学理论，他非常重视将"环境"与"人"的需求、情感协调起来，希望创造优美宜居的人居环境。不过，地理空间的设计可以达到极致，但人的情感、精神却难以规划，或许，虚实无界融合的元宇宙能够解决这一难题，使城市规划真正实现吴良镛教授所追求的"有机更新"。

从本质上来说，元宇宙是能承接人类的情感需求，并且构建自由市场的数字世界。在元宇宙中，个体在互动中形成新的社会关系，进行社交、分享、认同、共情等社会和感情的连接，遵循交易自主、产权明晰、契约自由等经济规律。

在元宇宙中，生产资料只有数字，而数字是无限的，通过限量供应使得市场形成。在这个市场中，数据绝对充分，但信息并不透明。元宇宙数字市场的特征之一，就是商品的总量控制受到计划的影响，而资源配置、自由竞争由市场机制引导实现，形成计划与市场的统一。通过数字技术赋能建设高质量的数字市场体系，既可以完善市场竞争的基础地位，又可以充分体现政府计划的重要性，二者有机统一。同时，元宇宙中没有流通环节，生产和消费是完全统一的。在数字市场中，任何行为都将与行为人的信用相关联，因此行为就决定了信用。

未来，或许我们会看到这样的场景：我们进入元宇宙中，以一个与现实中截然不同的身份，过着另一种人生。虽然当前对于元宇宙的定义、边界、内涵仍无定论，但或许，元宇宙极有可能成为数字时代的理想国，成为数字文明的创世之作。

迈向数字文明的星辰大海

数字文明新浪潮已到来

2021 年 9 月 26 日，第八届世界互联网大会乌镇峰会在浙江省桐乡市乌镇开幕。习近平总书记向大会发来贺信并强调：中国愿同世界各国一道，共同担起为人类谋进步的历史责任，激发数字经济活力，增强数字政府效能，优化数字社会环境，构建数字合作格局，筑牢数字安全屏障，让数字文明造福各国人民，推动构建人类命运共同体。

数字文明如同一条奔流不息的长河，它从过去走来，向未来走去，势不可当且所向披靡，在这股新浪潮的裹挟下，我们已置身于一个崭新的数字时代。

股市作为经济的风向标，是最直观地展现科技与商业发展的时代切片，一直备受社会关注。如表 1-1 所示，从 2000 年到 2021 年，在全球市值排名前十的公司中，高科技公司的占比一直在不断攀升，2000 年为 20%，2010 年为 30%，2015 年为 50%，2021 年为 80%。

在 2021 年的排名中，10 家公司中有 8 家都是高科技企业。其中，美国电动汽车公司特斯拉的市值超过 1 万亿美元，股价在一年内连翻三倍，而这家公司 2020 年的交付量不过 50 万辆，是传统车企巨头大众汽车 2020 年汽车销量的 5.38%。数字经济的魅力由此可以窥见一斑。

人类的数字时代才刚刚开启，但我们对未来商业社会和人类文明的发展充满了信心。这信心不仅来自数字时代将以新的方式推动人类追求更高、更美、更有效率和更公平的发展，更来自那些在数字化浪潮中以数字驱动自身发展的数字原生企业。

表 1-1　全球市值排名前十的公司的变迁

2000 年	2010 年	2015 年	2021 年
通用	壳牌	苹果	苹果
埃克森美孚	埃克森美孚	谷歌	沙特阿美
辉瑞	苹果	微软	微软
微软	劳埃德银行	埃克森美孚	亚马逊
默克集团	中石油	亚马逊	Alphabet
可口可乐	微软	Facebook	Facebook
IBM	通用	壳牌	腾讯
强生	沃尔玛	通用	特斯拉
汇丰	谷歌	强生	阿里巴巴
宝洁	雪铁龙	富国银行	伯克希尔-哈撒韦

注：1. 标底色的为高科技公司。
　　2. 数据来自普华永道（PwC）根据全球上市公司每年 3 月 31 日的股票市值排出的"全球市值 100 强上市公司"排行榜。

1. 以数据资产牵引增长飞轮的亚马逊

亚马逊运用极致的数字化体系工具支撑其越来越庞大的智能商业帝国，其发展方法论的核心是一种自我驱动的快速循环。作为一个庞大的平台型商业帝国，亚马逊相信客户体验越好，客户就越多，卖家就越多，进而服务越好，成本越低，价格越低，体验越好，客户会更多，如此不断循环向前，不断自我强化。这样的正向循环在亚马逊被称为"增长飞轮"，其动力源就是庞大业务产生的海量数据。

根据电子商务数据公司 Marketplace Pulse 的统计，作为世界上最大的电商平台，亚马逊上有近千万个卖家账户。而根据亚马逊 CEO 杰夫·贝佐斯（Jeff Bezos）在 2021 年度致股东的信中提供的数据，亚马逊拥有 2 亿高级会员（Prime Member）。基于这些庞大体量的消费行为数据，亚马逊通过算法为客户提供精准到个人的个性化产品推荐，同时用定价机器人自动抓取全网多家竞品的价格数据，然后将最低售价的商品推送给客户。在亚马逊，人工智能和大数据分析就是一种飞轮工具。通过人工智能持续对外输出组织知识和能量，某个业务板块的创新会为公司的人工智能扩展新的能力边界，升级后的人工智能又可以成为驱动其他业务板块更快发展的技术。最初，人工智能和机器学习在亚马逊主要用于产品推荐团队提升其对产品销量的预测能力，但随着技术和智能水平的不断提高，人工智能和机器学习积累的技术在全公司得到应用，变成整个公司的增长飞轮，将公司的组织和运作整合在一起。

亚马逊对数据的使用与其创始人贝佐斯对客户的痴迷（customer obsession）和对数字的极度精通有关系。亚马逊相信客户的永不满足是激励其永恒发展的不竭动力，对客户痴迷是公司文化的核心。为了可以矢志不渝地聚焦客户并痴迷于客户，亚马逊不仅要让客户满意，还要给客户惊喜，其对客户的了解常常深刻到连客户自己都意识不到的层面。这种对客户的了解是亚马逊人工智能最核心的能力，其背后是对数字和算法的理解与敬畏，亚马逊由此开发出了成千上万种以满足客户需求为使命的服务和产品。

亚马逊的数据能力也驱动着其经营管理的不断优化，强大的数字指标体系和智能管理工具可以帮助管理层实现自动完成常规决策，将管理层从日常经营中解放出来，让他们可以集中精力思考企业未来的发展。

2. 以数据驱动企业管理和决策的谷歌

谷歌是数字经济的伟大推手，谷歌的管理方式是面向未来的，它以数字驱动的方式，让员工自觉追求个人价值和企业价值的结合，追求"没有最好，只有更好"。

谷歌认为所有重要的决策都应该通过数据来做出。在数千个谷歌式的经营决策中，有一个数据驱动人力资源管理的例子广为流传。谷歌的全球人力资源体系中有一个部门叫作"People Analytics Department"（人力分析部门），这个部门协助谷歌的全球组织通过数据分析做出人力资源方面的决策。此前谷歌曾经取消过所有的经理级别，将员工定义为独立的业务单元，然而由于这样的方式效果不佳，谷歌不得不重新招聘经理。于是，公司总部向其人力分析部门提出了一个关于经理效能的管理问题，希望这个部门可以帮助管理层判断经理级员工的业绩贡献水平。

这个部门内部有一个由社会科学家组建的信息实验室，这些社会科学家通过模型分析谷歌现有的关于经理级员工表现的数据（包括上级评价和员工调研），分析结果显示经理级员工大体上表现不错，但由于现有的数据无法反映更多变量的影响，他们将所有经理的表现数据按照从高到低加以划分，并对上位圈和下位圈分别进行分析。通过回归分析，这些科学家发现，位于上位圈的经理和下位圈的经理在工作产出、员工幸福度和员工留存率方面的表现存在非常大的差异。相比较而言，好的经理除了表现更好，他们手下的员工也更乐意留下来工作，其存在确实有价值。然而，这些数据并不足以帮助管理层回答一个更有决策价值的问题：在谷歌，什么样的经理才是好的经理？

于是，社会科学家重新收集了两组数据：谷歌设立一个"优秀经理奖"，由员工提名获奖者，并且在提名的材料中举例描述被提名的经理有哪些好的表现和能力，员工对经理的描述是第一组数据；第二组数据来自社会科学家与上位圈和下位圈的经理进行的面谈，其目的是了解经理的行为和管理方式。这些社会科学家将从评选和面谈中获得的材料编码后进行语料分析，并通过分析回答了"什么样的经理才是好的经理？"，包括八种使经理获得高绩效的行为和三个导致经理低绩效的原因。

在此基础上，谷歌在不同场合将分析的结果分享给相关员工，并且为了进一步强化上述八种行为，谷歌还以此为标准衡量员工的表现，发展出每年两次的反馈机制，并将这些受到鼓励的行为编入其管理培训课程。通过这样的方式，数据决策将谷歌的人力资源工作变成了一门科学。

在人类社会历史上，那些伟大的企业和企业家，充满宏大的构想，能敏锐地抓住时代红利，致力于改变人们的生活方式。在数字时代，这样的企业和企业家还会不断涌现，引领人们在数字与智能的浪潮中探索更广阔的商业远景。

拥抱挑战与机遇

数字文明的新时代，是一个充满无限可能的时代。在踏浪前行的过程中，我们既会遇到挑战与艰险，也会遇到不期而至的机遇。面对未来，我们应该面对并拥抱不确定性所带来的新挑战、新机遇，加速创新，不断变革。

1. 认知创新的挑战与机遇

经济社会的发展源于人类对世界认知的不断深化，并基于在认知的基础上形成的世界观逐步构建起改造世界的科学体系。

在科学计算的时代，人类通过观察、实验、收集数据、解读数据形成对客观事物的认知，用数学的方法解释了一系列物理、化学和生物现象。计算机的发明和应用，使得人类的认知不断拓展和深化，从早期面向单一问题的科学计算发展到处理复杂业务的商业计算，再发展到进行系统性全局分析的社会计算。人类对世界再认知的过程，推动人类从全新的角度认知自然与自我。

数字经济时代，大数据是实现新认知、新突破的关键，数据的采集、治理、分析、建模、应用、安全等方面的技术生态成为最突出的创新特征。大数据产业链条在跨领域交叉和融合技术研究的支撑下不断延伸和丰富，创造出巨大的技术创新机遇和技术应用发展空间，提供了跨越式进步的机会。

比如在数据开采融合领域，我国拥有自主知识产权的燕云 DaaS（Data as a Service，数据即服务）技术创造性地采用了黑盒技术，实现了在没有原始软件、没有原有开发人员的情况下快速获取数据的能力，证明了我们在这个领域有机会与世界最前沿的公司同台共舞，实现跨越式创新。

又如在数据治理方面，面临着隐私泄露、数据滥用和数据决策不可信等新问题和新挑战，数据隐私保护、数据交易和共享的可信传输、数据所有权与使用权确权界定、数据价值衡量和定价等技术创新需求巨大。

数字经济时代，大数据加快了人类认知新事物、重构新价值的速度，重塑着人类社会的宏观经济结构、生产方式、消费模式和管理范式。数据的产生与获取、跨境传输、集成分析与挖掘、资本化以及市场化配置将显著改变传统价值链分工的治理模式，并为市场主体参与价值链分工创造更公平的环境与利益分配方式，推动全球价值链分工内涵的演变与分工格局的重构。

大数据加速了农业、工业、服务业、社会治理等领域融合创新的步伐，推动了传统行业经营管理方式的变革、服务模式和商业模式的创新及产业价值链体系的重构。

在农业领域，我们可以利用大数据、区块链等技术构建融合农业信贷，通过农业资产数据化、农业数据资产化，推动农银直连，构建"数据＋电商＋金融"的农业数字生态平台。

在工业领域，大数据对于工业的改造能力已经体现在工业的各个环节。在设计环节，已利用大数据推动 C2M（Customer to Manufacture，用户直连制造）等模式的发展，提升工业设计环节的个性化水平；在生产环节，已利用大数据实现流水线作业监控优化，强化故障预测与健康管理，优化产品质量，降低能源消耗；在销售环节，已利用大数据促进产销对接，提升工业产品销售的精准度。

在服务业领域，利用大数据分析技术，我们可以对多渠道用户数据进行精准分析，帮助企业客户全方位挖掘客流价值，加速营销转化。

数字经济时代，数据作为一种生产要素介入经济体系，它具有可复制、可共享、无限增长、无限供给等特点，成为连接创新、激活资金、培育人才、推动产业升级和经济增长的关键生产力。数据作为数字经济时代生产关系重塑的价值核心，已经有效推动"共建共治共享"社会治理格局的形成，并以产业数字化转型及"产城人"融合发展模式驱动区域数字经济建设，带动区域发展模式的创新实践。

全球新冠肺炎疫情的暴发，使得大数据在构建数字经济与实体经济、虚拟世界与物理世界高度融合的命运共同体方面的作用更为显著。数字经济将成为新型全球化的起点，构建全新的经济全球化秩序，推进社会实现以低碳、循环、共生、安全和智能为特征的可持续发展。

2. 技术创新的挑战与机遇

信息技术的进化、竞争与选择如同达尔文对"进化论"的描述，是一个由低级到高级、由简单到复杂的发展过程。计算机硬件的进化从计算尺、打孔卡、电子管、集成电路，到 CPU（中央处理器）、GPU（图形处理器），再到 FPGA（现场可编程门阵列），可见计算能力和工艺复杂度呈指数级增长。

互联网的进化由以信息互联互通为核心的消息互联网发展到以服务为核心的商业互联网，最终将形成以信任与价值连接为核心的价值互联网。在信息技术的进化过程中，软件也实现了自身的异化，从附属于硬件发展成以操作系统为代表的产品和产业，再发展到互联网、云计算催生的"软件定义一切"。

解耦一体化的硬件底层设施，辅助实现了硬件资源的虚拟化和管理任务的可编程，主导了信息技术体系的重塑。基于"软件定义一切"构建的数字经济时代融合创新的基础，已经涌现出自动驾驶、云手机、云终端、智能设备等创新成果，并将持续衍生出更多的技术创新。

数字经济时代，云计算通过持续的技术进化，成为承上启下的重要角色，成为工业时代到数字时代变革中产业自然选择的胜利者。云计算的诞生和发展体现了"软件定义一切"的内涵与外延。

云计算起初通过虚拟化技术，基于互联网对外提供计算、存储、网络等数字生产力，解决了数字经济时代不确定性带来的信息技术资源需求波动的问题。

云原生概念的提出和容器化封装技术的应用，使得云上运行应用程序的开发运维如同集装箱的使用一样，实现了应用程序部署的独立单元化，并通过微服务架构解耦服务，以 API（应用程序接口）的形式对外提供服务。以容器、微服务、API 为代表的新兴云技术将会推动新型计算范式的持续涌现和迭代更新。

工业时代，横向竞争只能产生细小的迭代发展，导致各领域、各行业因内卷化而把自己困在了竞争中。数字经济时代，创新的方向选择要摆脱原有的内卷竞争思维。云计算与边缘计算、区块链、神经计算等新型计算范式的融合，将使得云计算的范围、作用、产业链条呈指数级扩张，带给我们选择错位竞争、抢位发展的机会，使我们具备在数字经济时代的国别竞争中实现领先和发挥优势的机会。

3. 场景创新的挑战与机遇

数字经济时代，数字化技术的应用使得人类得以从网域空间的新维度看待事物发展，进而从整体系统的角度重新定义场景。

以丰田汽车的精益生产为例，区别于其他汽车企业采用昂贵的专用生产设备、一味提升单个零件性能的方式，丰田汽车在设计之初，就已经基于已售车辆各零配件的维修状况，通过调节各类零件的工艺标准，使其无故障使用时间做到最长，从整体的角度重新定义了汽车制造模式。

数字经济时代，基于第一性原理的思想指导、新技术的支撑，以及数据场景的创新，将产生颠覆性的工具和方法。

以数字货币为例，"数字货币 + 区块链"的方式以零信任的"交易即结算"颠覆了现有的支付模式。届时，普惠金融将更容易实现，数字货币将无须第三方机构协助，或将改变及孕育新的商业形态，以迭代创新推动经济社会的更大发展。

新冠肺炎疫情下，数字经济作为数字技术和全球经济体系相融合的经济形态，正在创建经济全球化的新秩序。新技术、新产品、新金融正在成为新的全球经济增长点，形成以数字经济为代表的新型全球化趋势。

数字经济时代，技术、业务、场景的融合将重构人与人、人与自然、人与自我的关系准则，出现伦理、道德、法规、法律方面的挑战。只有基于主动安全和被动安全构建新安全的生态体系，才能最大化数字经济的效果，抵消变革的负面影响。

文明是人类永恒的主题，未来，人类将在数字文明的康庄大道上奋勇疾驰。站在从工业文明转向数字文明的历史拐点上，我们可以感觉到时代的车轮滚滚前行，与此同时，我们也面对着巨大的挑战。但无论如何，我们都应勇敢地拥抱这个新时代。正如托夫勒所说："悲观无用，不如思考蓝图，闯过布满暗礁的海。"

CHAPTER 2 ▶ 第 2 章

颠覆认知的数据科学

数字文明新浪潮的到来，让人类社会从"互联网+"进化到"智能+"，从传统经济走向数字经济。我们很幸运，赶上了一个快速变化、不断迭代的时代。但是，很多人一直在谈论变化，却很少有人去探寻引起这些变化的根本原因，很少有人意识到，是认知革命推动了人类不断进化、发展。

过去，我们一直以数学为工具来认识世界。从毕达哥拉斯到牛顿，这些伟大的哲学家、科学家不断地完善数学体系，用数学托起了人类文明。而到了数字时代，数据科学这种能让万物互联、全景交互成为可能的知识体系颠覆了人类的传统认知和认知方法，让我们离世界的本质更近，对世界的认知更加系统、完整和准确。

数据科学带来了思维方式的进化，带来了对数据管理的新认知，让我们认识到数字文明的到来已经让这个世界变得大不同。而这只是一个起点，颠覆才刚开始，席卷而来的元宇宙又会为人类带来怎样的认知呢？这或许值得我们每个人思考。

认知的力量

人类的进化史，是一次次认知革命

从猿到人，从直立行走到走出地球进行太空漫步，人类经历了波澜起伏的进化，最终站在了地球的生物链顶端。在史诗一般的进化过程中，人类不断地向更高的文明迈进，与此同时，人类的认知也在不断颠覆、升级。

认知，是指人们通过心理和思维活动对客观世界进行认识、了解。比如，在人类发展的早期，因为活动范围狭小，人们只能通过自己所看到的来认识世界。当他们看到眼前的地面是平的时，就认为整个大地都是平的，而天空就像是一口倒扣在大地上的巨大的锅，于是，"天圆地方"的认知由此而来。这之后，人们通过观察，又发现天空中的各个星体似乎都以地球为中心在不停转动，地球就是整个宇宙的中心，便又总结出"地心说"。这就是当时的人类对世界的认知，那时候几乎所有人都认为这就是世界的真实面目。而到了今天，就连小学生都知道地球是圆的，知道在浩瀚的宇宙中，地球只是一颗孤寂渺小的行星。这是现代人对世界的认知。

回顾人类文明的发展历史，我们会发现，两次工业革命使人类社会从农业文明进入工业文明，使社会生产力实现了一次又一次的飞跃，也使人们的生活方式发生了变化。人类在享受工业文明带来的便利的同时，对世界的认知水平也逐步上升。而今，当人类社会从工业文明进入数字文明时，我们的认知又会经历什么样的变化？

要探寻这个问题的答案，我们需要回到人类认知的起点，看看人类是如何在这个星球上探究与自我、与世界有关的一切的。

现代人受益于科学思想，早就对世界运行的规律与数理逻辑了如指掌。在我们看来，地球是自西向东自转，潮汐是由月球引力引起的，"天狗吞月"就是月食……这些都是常识。然而，对早期的人类而言，这一切都是难以理解的。于是，人类通过想象，创造出了万能的"神"，在他们看来，"神"控制和主宰着世间的万事万物——世界是由上帝创造的，人是由女娲造出来的；收获的季节遭遇洪涝，是因为天神发怒了；疾病缠身，是因为得罪了神明。在他们眼里，凡是自己得不到的，都需向"神"祈求，然后默默地"听天由命"。在很长一段时间里，神灵崇拜思想一直主导着人类文明。

当然，也有很多智者对这些神话传说产生了质疑，正如英国作家王尔德所说，"我们都生活在阴沟里，但总有人仰望星空"。被称为"科学和哲学之祖"的泰勒斯也是其中之一，他认为不能用超自然因素来解释自然现象，并试图用经验和理性思维来解释世界。他研究天文，确认了小熊座，用日光下的影子来测量金字塔的高度，并准确地预测了公元前585 年发生的日食。他还提出了"万物源于水"的观点，认为地球就漂浮在水上，虽然这个观点在今天看来并不准确，然而在泰勒斯生活的时代，这样的认知与原始宇宙观相比已经非常先进了。

泰勒斯是第一个以理性思维和科学精神面向自然界的人，比他晚半个世纪的毕达哥拉斯则更进一步。毕达哥拉斯是"数学之父"，他提出了数学体系，认为世界遵循的是数学法则，指明了数字和事物规律之间的关系，开始用数学来探索自然的奥秘。毕达哥拉斯的思想对后世的思想家们产生了深刻的影响，在人类科学发展史上具有重要地位的亚里士多德就深受其影响。

亚里士多德的一大贡献在于，他把自然作为科学研究的客观对象，首先对其进行科学分类，并促使自然科学和社会科学逐渐演变为许多独立科学。亚里士多德还提出了第一性原理，提出了科学发展的三要素，并且开创了一种全新的、用观察和推理来分析世界的方法，即定性的、非量化的方法。他还特别重视逻辑推理和严格运用数学工具，这些科学方法论为许多科学的发展奠定了基础。

亚里士多德是科学史上的里程碑，他的观点即使到了中世纪也一直在关于自然世界的思想中占主导地位，直到伽利略进行比萨斜塔实验。伽利略用两个球同时落地的结论，推翻了亚里士多德"物体下落速度和重量成比例"的学说。这种量化实验的方法，引领人类来到了一个新世界的大门外。

划时代的科学巨人牛顿用一个苹果为人类打开了新世界的大门，开拓了向科学进军的新纪元。1687 年，他发表了《自然哲学的数学原理》，阐述了万有引力和牛顿运动定律。牛顿运动定律让人们剥开表象，看到掌控这个物理世界背后的最基本规律。毫不夸张地说，牛顿运动定律解释了我们在宇宙中能观察到的一切。历经两千年的发展，量化的宇宙观终于取代了亚里士多德的定性、非量化的自然观。直到今天，牛顿的理论仍然应用在土木建筑、机械、水利、交通等生产中，以及航天发射和星际探测等尖端科技上，深入人类社会的方方面面，大大推动了社会发展，对人类科学发展有着长久的影响。

牛顿超越了前人，创造了巨大的成就，以至于 18 世纪法国数学家拉普拉斯曾感慨，牛顿是最幸运的人，全宇宙只有一条定律，被牛顿发现了。牛顿构建的物理体系曾经被认为是人类认知世界的绝对唯一准则，能解释世界上所有的现象。很多人甚至认为物理学已经不需要再补充新东西了，1875 年，慕尼黑大学物理系主任甚至劝学生不要再选择物理学了，说"物理学这一知识的分支即将完善"。

不过，当人们对世界的认知分辨率进一步放大到"原子"层面，放大到那些无法用显微镜观察到的现象上时，经典物理学就不再适用了。原子太小了，是看不见、摸不着的，物理学家们只能在头脑中想象理论中的画面，这种研究远远超出了人类以往的经验。换句话说，人类的探索已经超出了直接的感官体验范畴，开始接受那个看不见的世界的存在。这也是为什么我们一般人看这些科学理论像看天书一样，因为它并不是一个看得见、摸得着、能体验得到的世界。这时，量子概念为人类认知开辟了新天地。

20 世纪初期，以普朗克、爱因斯坦、玻尔、海森堡等诸多理论物理学家为代表的科学家创造并完善了量子力学，对微观世界的物质结构、运动与变化规律进行了探索，在量子物理领域中找到了对世界的更好解释——世界的本质与我们直观"看"到的非常不同，即：宇宙不是单一的，而是多重的；世界是复杂混沌、动态恒变的（即量变引起的质变是完全无法预测的）；世界是相互交织（即不是非对即错的二分法）、难以预测的；世界是不存在客观时间（即过去、现在、未来）的，时间是人类虚构出来的主观感受……

量子力学是 20 世纪人类文明发展的一个重大飞跃，正是因为有了它的发现，才有了后来核磁共振仪、烤箱等应用的发明。对半导体的研究也依赖于量子力学的原理和效应，这最终导致了二极管和三极管的发明，为现代电子工业的发展铺平了道路。

从以"神"为主宰到对现象进行观察与推理，从非量化的自然观到可以量化的实验法，从牛顿运动定律到量子力学，经历了一次又一次的认知革命后，我们才对这个世界有了更深入、更全面的认识。认知革命推动了人类的进化发展，同时，伴随着人类文明和科技水平的发展，人类进行认知革命的方法和工具也越来越先进。

回望人类数百万年的艰难跋涉和科学探索，我们的心中应充满敬意：

以洞穴为家、以野兽为食的猿人用笨拙的双手制造出粗糙的骨器、石斧；打猎归来的智人用燧石小心翼翼地擦出火焰；一个人随手折断一根树枝，在泥土上简单地画出牛羊的模样，手舞足蹈地向其他人解释着那符号的含义……这是我们的祖先为走向文明而迈出的沉重而坚定的步伐。

在大海中漂泊了几个月的航船带着发现新大陆的消息回到欧洲；伴随着汽笛低沉的长鸣，蒸汽机车缓缓移动，载着人们驶向远方；第一代计算机在人的指令下进行精密的计算……这是前人为进入数字文明而开启的不同加速器。

任何一个时代的文明演化，任何一次认知升级，都不是突然出现的，而是经过长期沉淀孕育而生的。如今，我们已经进入了数字时代，但我们不应忘记，我们之所以能走到今天，离不开人类数百万年的认知革命，离不开先哲们付出了巨大代价不断探索与完善的科学体系与技术成果。站在前人的肩膀上，我们才能仰望星空。认知的颠覆与升级，是数字时代发展的必然结果，更是我们必须承担的一种历史使命。

认知无边界，只有不断颠覆

人类进入文明社会以来，前人经过不断探索获得的认知便沉淀为后人的知识记忆，而后人在获得知识记忆的同时又不断领悟出新的东西，发明出新的技术。从某种程度上来说，在任何一个时代，人类的认知都处于当时条件下的最高峰。在如今这个时代，一个初中生所掌握的科学常识都要远远多于 17 世纪最伟大的科学家，而在一百年后的人们眼中，现代的我们恐怕也是非常无知的。

我们不必为此感到羞愧，事实上，即使是人类科学史上最伟大的人物，也无法摆脱自身局限性的束缚。

牛顿是有史以来最伟大的科学家之一，是开启人类科学时代的最著名、最具有标志性的人物，然而，牛顿也是神学的信奉者。如今有一种普遍的说法是，牛顿晚年投向了宗教的怀抱，痴迷于神学，其实这并不准确。受时代与家庭的影响，牛顿从小就信奉基督教，自始至终都是一个忠实信徒。

到了晚年，牛顿对宗教的痴迷与狂热越发变本加厉。据史料记载，从 1687 年到其逝世的 1727 年的 40 年中，牛顿把大量的时间和精力用于研究"炼金术"和注释《圣经》。终其一生，牛顿不仅留下了改变人类历史进程的牛顿力学三大定律、万有引力定律、微积分、光学，还留下了上百万字的神学笔记和炼金术笔记。

爱因斯坦也是伟大的科学家，但他与牛顿一样，也存在认识局限。如：爱因斯坦不接受以玻尔为首的哥本哈根学派宣扬的以"不确定性"和"概率"为基础的新量子理论，认为他们走上了一条"邪路"。经典哲学思想与因果法则是爱因斯坦的绝对信仰，因此，在他看来，一个完备的物理理论应该具有确定性、实在性和局域性，而海森堡提出的测不准原理违背了确定性。为此，爱因斯坦还留下了一句在今天被广为引用的名言："上帝不掷骰子！"

爱因斯坦的后半生一直致力于寻找一种统一的理论来试图解释所有的相互作用，希望把宏观相对论与微观量子力学统一起来，哪怕新的理论会否定自己的相对论，也在所不惜。这种努力一直持续到他1955年逝世。

老子说："道可道，非常道。名可名，非常名。"这句话讲的就是人类的认知局限性。"道"是基于人类的认知水平永远也无法触及的。人类在某个阶段认知的东西只是一个阶段性的结论——"理"，随着科技的进步，人类的认知水平会不断提高，这个"理"也会随之加强和深化，但还是不能达到那个无止境的"道"。

认识到人类思维的局限性，才是超越自我、重新建立认知的开始。

历史经验告诉我们，人类总是会在一个特定的时段内，自以为找到了真理，后来才猛然发现，这些所谓的真理也会变，甚至会被彻底颠覆。这种大改变在人类历史上发生了许多次。比如，哥白尼让我们领悟到，在宇宙中，我们生活的地球不但不是中心，而且渺如微尘。达尔文让我们发现，人类是由其他生物进化而来的，与其他动物并没有太大的区别。弗洛伊德让我们认识到，我们连自己的意识都不能完全主宰，每天在做很多无意识的行为。

面对每一次大改变，人类都勇敢地突破了思维的局限性，使自己的认知边界得到了进一步拓展，能力也因此得到了质的飞升。环顾我们所身处的世界，无论量子计算机的发明，还是壮观的基建工程，抑或锲而不舍的宇宙探索，都证明了这一点。

今天，数字文明正在快速改变着我们的世界，科技的发展已不再是基本的线性式发展，而是一种进化、跳跃式发展，呈现出一种指数级增长的形态。随之而来的，必将是一场全新的、前所未有的认知革命，它将不断颠覆我们的认知，彻底打破我们以往所固有的思维模式与行为方式。

现代管理学之父彼得·德鲁克曾谈道："在动荡的时代里，最大的危险不是变化不定，而是继续按照昨天的逻辑采取行动。"⊖身处新的时代，我们更应主动地、积极地突破思维的惯性、局限性，而不要在未来的成长过程中简单套用过去的思路、经验、逻辑，要拥抱数字时代，重构思维体系，实现认知升级，在迭代中不断自我更新。

世界是数字的

从毕达哥拉斯到牛顿

在人类进入数字时代之前的漫长时间里，数学一直是人类认识世界的重要工具，是一切科学的思维基础，是通过确立一定的初始设定、经由逻辑推理而产生的认知体系，在科技发展和人类文明中发挥着巨大的作用。

⊖ 德鲁克. 动荡时代的管理［M］. 姜文波，译. 北京：机械工业出版社，2018.

数百万年来，我们的祖先一路披荆斩棘、跌跌撞撞地向前，在这个过程中，人类对于科学的探索从未停止。早在原始文明时期，人类就已经创造了很多令人难以置信的科学成就。但是，那时的人类缺少一座桥梁、一条纽带，无法将那些灿烂的科学思想保存并传承下去。因此，在很长一段时间里，后人们不能在前人的基础上去拓展科学成果。

毕达哥拉斯为人类找到了一条纽带——数学。毕达哥拉斯认为，那个冥冥中的万物之主一定是用数学的原则在操控整个世界，因为世界上再没有一样东西，像数学那么严谨，那么完美，那么和谐。一百多年后，柏拉图完全承袭了毕达哥拉斯的理念，并将其发扬光大。他主张数学观念是天赋的、先验的，它居于感性世界与理念世界之间，是人通往理念世界的必经阶段。从此，无论科学还是哲学，都离不开数学这一工具。

两千多年后，当牛顿横空出世，用自己的智慧将宇宙中所有星体的运行规律以及人为什么能站立在天地之间归纳为一个短小却充满魅力的万有引力公式时，人们彻底地意识到了数学的力量。借助数学的力量，科学以一种不可阻挡之势开始腾飞，人类文明的进程也得以加速。

到了近现代，大量自然科学的成果如雨后春笋般涌现出来。不过，从爱因斯坦的相对论到海森堡的测不准原理，从门捷列夫的元素周期表到孟德尔的遗传学说，从电子计算机的出现到核能的应用，这些成果的取得都离不开数学这一重要工具。

比如，第一次工业革命时期，瓦特对蒸汽机进行了改良，这项发明充分利用了当时高速发展的数学，因此他能够很方便地计算出蒸汽机的输出功率、锅炉蒸汽压力、连杆曲轴的角度等之间的对应关系。内燃机和电力在社会中的普及又促使汽车、电灯等伟大发明问世。从某种程度上来说，数学托起了人类文明。

到了 21 世纪，数学与计算机紧密地结合在一起，发挥了巨大的能量。苹果、谷歌、亚马逊、阿里巴巴、腾讯等巨头的出现，都要归因于此。这些公司虽然存在的时间并不长，但因为掌握着先进的工具，已成功撬动了万亿市场。

在人类的发展进程中，工具也在不断进化。石器、青铜器、铁器、火药、蒸汽机、内燃机、电报、电话、电视、计算机、卫星、互联网……工具的进化引领着文明的进化。新的工具不断淘汰旧的工具，就像各种视频 App 正在淘汰电视，微信公众号和头条新闻正在淘汰报纸，微信正在淘汰短信，等等。

每一种工具，都代表着人类对世界的一种认知与探索。蒸汽机和内燃机代表的是力学的发展。电报、电话、电视、计算机和互联网背后，是信息化革命。数学是抽象的工具，是其他工具背后的工具。数学之于人类，如同一把打开科学与真理大门的钥匙，正是因为有了这把钥匙，人类才摆脱了过去的迷茫，不再局限于自己世界的物理法则，从此可以想得更远，更加接近真理。

数学还是一种语言，能描述万事万物。正如伽利略所说："宇宙是一部鸿篇巨制，记载了所有的知识与智慧，随时可供人类阅读。然而，唯有识得书中文字，方能理解其奥义，而这部巨著恰恰是用数学的语言写就的。"又如费曼所说："一个人如果不懂数学，那就很难体会到大自然最深层次的美……如果你想要认识自然，欣赏她的美，那就必须要通晓她的语言。"

从原始文明到农业文明，再到工业文明，数学大大地加快了社会发展、科技进步、人类文明进步的速度。到了数字文明时代，我相信，数学的应用不会就此止步。数学在科学技术、文化、经济学理论研究中仍然会占据重要地位，数学还会帮助人们取得更多的成就，帮助我们的社会取得更好的发展，为人类的文明带来更大的进步。

不过，数学研究的是现实世界的数量关系和空间形式，而在数字时代，数字化无限地扩大了空间的可能性，我们所处的空间除了二维平面空间、三维实体空间，还有网络虚拟空间。随着空间概念的改变，人类的认知也面临着不可避免的改变。作为一种认识和理解世界的工具，数学的局限性日益显现出来，这时，数据科学恰如其时地出现了，人类的认知体系因此重构。

数据科学让世界重归一体

随着新技术革命的不断深入，尤其是数字化技术和网络技术的发展，人类通过自己的创造性劳动，借助计算机在互联网上开辟了一个全新的领域。这个新的领域是与人类所依存的物理世界并存的一个崭新的世界，即虚拟世界。

过去，人们只拥有物理世界这一个生存空间，虚拟世界的出现大大拓展了人们的活动空间。随着虚拟世界被快速地纳入人类社会的生产体系、消费体系和文化体系之中，人类的生活方式和思维模式也产生了划时代的变革，从数学到数据科学的认知颠覆就是其中之一。

从工业文明到数字文明的跃迁，使得社会资源的价值发生了巨大的改变。在工业时代，最具价值的资源是能源和原材料，人们把石油当成工业的"血液"；而在数字时代，数据成为新的生产要素，被称为"新时代的石油"。

人类发展的历史，从某种程度上来说，也是不断制造、积累数据的过程。我们甚至可以说，数据的规模体现了人类文明的发展程度，也体现了社会经济的发达程度。

从古老的以石块、木棍记数，到结绳记事，再到今天的大数据技术，人类记录、存储数据的手段越来越多样，积累的数据量也呈指数级增长。公元前 3 世纪的亚历山大图书馆"收集了全世界的书"，当时的人们认为，世界上的所有知识都汇聚于此。但是，如果把现在全世界的信息平均分给每一个人，那么，每个人所拥有的信息量一定远远超过当年亚历山大图书馆全部藏书所包含的知识量。再举个例子，我们的智能手机在一天的时间里就能为我们生产 1GB 的数据，这大概是 13 套《二十四史》电子文件的大小。

在数字时代，数据已经与我们的生活紧密相连，我们在互联网上的每个行为，无论新闻浏览、线上学习，还是网络购物、在线娱乐，都会产生数据。智能手机以及各种智能家居用品，也在悄无声息地收集着我们的数据。我们每天都在用数据书写自己丰富的"生活史"。不过，与传统的数据记录有所差异的是，这些数据是有"生命"的。从某种程度上来说，它们如同我们身体的一种自然延伸，甚至在虚拟世界中组成了以数据形式存在的"我们"，而那些互联网企业，通过对这些数据进行分析，就能深入了解我们。

很多年前，有人曾经开玩笑地说："也许在将来，当人们见面的时候，不是问你吃饭了没有，而是问你有多少数据；当人们要对一家公司的实力进行评估时，也不会只考察其技术与商业模式，还要关注这家公司拥有多少数据。"现在，这已经不再是一个玩笑，人类进入数字时代，数据的重要性日益凸显出来，数据成为与土地、劳动力、资本、技术等传统生产要素一样重要的新型生产要素，正在社会经济的各个领域发挥着倍增器的作用。正如《大数据时代》中所说："虽然大数据还没有被列

入企业的资产负债表，但这只是一个时间问题。"[⊖]

2020 年，中共中央、国务院发布的《关于构建更加完善的要素市场化配置体制机制的意见》提出了土地、劳动力、资本、技术、数据五个要素领域改革的方向，数据作为一种新型生产要素第一次正式出现在官方文件中。

如今，海量的数据构成了我们耳熟能详的大数据，释放出巨大的价值，并且已经渗透到生产、分配、交换和消费的各个环节，介入整个经济运行体系中，为经济社会的发展赋能。与数据相关的技术也日益蓬勃发展，涉及数据采集、数据传输、数据集成、数据融合、数据存储、数据处理、数据分析、数据应用、数据可视化、数据安全、数据确权等方方面面，由此形成了一种集数学、计算机、软件、统计学、工程学、信息化等为一体的知识体系，也就是数据科学，如图 2-1 所示。

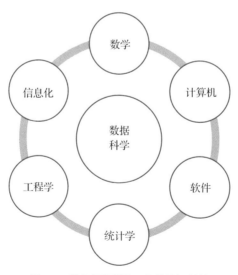

图 2-1　集多门科学为一体的数据科学

⊖　迈尔 – 舍恩伯格，库克耶. 大数据时代：生活、工作与思维的大变革［M］. 盛杨燕，周涛，译. 杭州：浙江人民出版社，2013.

数据科学既不是纯粹的理论数学，也不是纯粹的数学应用，而是专门研究数据本身的知识体系。可以说，它是传统统计学的一种扩展和深化，其目的是解释各类数据现象背后的一系列规律。

在人类认识世界的过程中，早期的先贤们提出了很多概念，有人说世界是由金木水火土构成的，有人说世界是由粒子构成的，还有人说世界是由数字构成的，那世界究竟是由什么构成的呢？牛顿认为，世界是由绝对时空和相对时空组成的，绝对时空与人的认知无关，而相对时空则是人类所认识的世界，是与人密切相关的。定义这个相对时空的最理想的工具是数字。无论数学还是数据科学，都是关于数字的认识工具。从这个意义上来说，世界就是数字的。

明确了这一点之后，我们会发现，我们对世界的认知取决于对数字的认识与运用。随着数字技术的蓬勃发展，数据科学日渐完善并发挥巨大作用，而在数据科学的指导下进行数字化的过程，从本质上来说，是深化对世界的认知的过程，这种深化必然导致对世界认知的颠覆。

说到这里，我们必须重提数学对人类的伟大贡献。从毕达哥拉斯到牛顿，人们逐渐习惯了用数学的方法解释各种现象，不断进行深入的研究，并取得了丰硕的成果。从理想的简单单元到系统，到不确定的系统，再到复杂不确定的系统，人类的认知在颠覆中不断进化。这些思想理论的进化，从客观上来说，为人类在数字时代应用数据、通过大数据认识世界做好了思想准备。如果没有数学打下的坚实基础，数据科学恐怕难以发挥其作用。

就像天文望远镜能够让人们亲眼看到宇宙的无垠与神秘，显微镜能够让人们观察到肉眼无法看到的奇妙的微生物，数据科学这种能够收集和分析海量数据的知识体系则从一个全新的维度帮助我们更好地认识世界。

在现实生活中，人们遇到的很多现象和系统是活的、进化的、随机的，这些都是复杂问题，比如蝴蝶效应，完全无法用简单的理论来解释。数据科学的作用在这时就会凸显出来，我们可以在计算机里构建各种各样的模型，并叠加起来，导入各种相关变量，去模仿复杂系统，用仿真的方式来推演、预测。比如，地震预测和气象预测就是非常典型的应用。从系统角度来看，数据科学是简单系统演化为复杂或者超复杂系统之后的一种完备的科学体系。可以说，数据科学就是大智慧。

数据如水，奔流不息，无界融合；数据如山，具体准确，理性可靠。在数字时代，从理论上来说，任何事物都可以用结构化的数据来表达，事物之间的联结也可以通过结构化的数据交互来实现。换言之，数据科学能够让万物互联、全景交互成为可能。数据不再是简单枯燥的符号，而是成了让世界变得更紧密、更生动、更智慧的核心引擎。

现在，数据科学对社会、经济、生活产生了巨大的影响。新冠肺炎疫情期间"健康宝"的应用就是利用数据科学来进行社会管理的一个经典案例。

一场汹涌而至的新冠肺炎疫情，打乱了全球经济的正常运行节奏，也让一直处于奔跑状态的我国经济一度处于近乎停摆的状态。为了促进企业复产复工，也为了促进社会恢复正常运转，各地的"健康宝"小程序正式上线。

"健康宝"之所以能为大众健康出行保驾护航，是因为它打通了来自卫生健康、社区、民航、铁路、公路等多个部门的

1000 多项数据，通过大数据分析和比对，将个人的健康状况显示为不同的颜色，精准识别个人的感染风险。从仅仅支持本人健康码自查询到开通他人健康码代查询、老幼健康码助查询功能，从实现本人信息扫码登记、捆绑手机到增加核酸检测、疫苗接种信息，"健康宝"在升级迭代中实现了数据库贯通和信息源融通。

现在，我们不管去哪里，都已经习惯了拿出手机，打开"健康宝"来扫一扫，用"未见异常"的绿码告诉别人"我是安全的"。在扫码的同时，我们也把"我什么时间到了什么地方"这个数据输入到系统中，为数据库的完善做出贡献。正是有赖于这些数据，当发现确诊病例做流行病学调查时，才能精准地筛查出密切接触者，为整个社会的健康安全保驾护航。

"健康宝"是大数据、人工智能、云计算、数字原生等多种信息技术综合运用的一次实践，它让我们看到了数据以及数据科学的价值与魅力。

很多人认为数据科学很高深，其实，数据科学没有想象的那么神秘，也没有那么难以应用，它离我们的生活很近，每个人都可以从中受益。掌握了数据科学这个工具，我们对世界的认知会更清晰，对时代发展的趋势也会更有把握。一个在黑暗中行走的人是走不快、走不远的，但数据科学给了我们一双能在黑暗中看清世界本质的眼睛。

从数据科学的角度，我们会发现很多事物的根本性变化。在工业时代，手机只是一种通信工具，人们主要用它来打电话、发短信。然而，在数字时代，手机成了用于交流沟通、购物娱乐、线上办公的移动终端。工业时代，汽车只是一种用于载人载物的交通工具，而在数字时代，汽车成了一种能满足多种需求的移动场景和新的生活空间。在工业时代，产品就是产品，边际效用不断递减；而在数字时代，产品不仅是功能性的产品，还有可能成为 IP（Intellectual Property，知识产权），有个性、有情感、能交互、能与消费者共同成长，边际效用可能不断递增。在工业时代，企业是一个提供产品与服务的商业组织，企业与员工、客户、合作伙伴的关系都是单向的、线性的；而在数字时代，企业已经发生了颠覆性的改变，逐渐向着孵化与加速产业 IP 成长、培育产业生态的平台进化，企业与员工、客户、合作伙伴的关系也变成了双向的、非线性的协同共生关系。

工业时代，世界被人为地分割开来。数字时代，数据科学让世界重归一体，也让我们离世界的本质更近，对世界的认知更加系统、完整和准确。

不变的底层逻辑：第一性原理

古希腊哲学家赫拉克利特说"万物流转"，又说"你不能两次踏进同一条河流，因为新的水不断地流过你的身旁"，他所表达的意思是：世界上唯一不变的就是变化。

随着时代的变迁，所有事物都处于不断的变化之中，人类的进化如此，社会文明的发展如此，国家兴衰如此，企业的发展也是如此。与此同时，我们的认知也在发生着巨大的变化，所以才有了从数学到数据科学的认知颠覆。

然而，物理学中的重要定律"能量守恒定律"却指出：能量既不会凭空产生，也不会凭空消失，它只会从一种形式转化成另一种形式，或者从一个物体转移到另一个物体，而能量的总量则保持不变。因此，当动能消失时，它或许是转化为势能了；当势能消失时，它或许是转化为热能了。

能量的具体形式是千变万化、无法捉摸的，然而它的总量却始终如一，持久不变。可见，所有的"变化"都源于"不变"，"不变"才是"变化"背后最本质的东西。

现在，我们需要认真思考：在这个世界上，究竟什么才是隐藏在诸多变化背后的那个"不变"？什么才是支配万千变化的那双无形的手？

从工业时代到数字时代，无论我们的文明经历了怎样的跃迁，无论我们的认知发生了何种颠覆，有一点是恒久不变的，那就是我们的底层逻辑——第一性原理。

亚里士多德是古希腊的哲学家，是与孔子同时代的一位哲人，他有很多重要的论述，对人类有着深远的影响。两千多年前，亚里士多德将第一性原理定义为"事物被认知的第一根本"，他说任何一个系统都有自己的第一性原理，它是一个根基性命题或假设，不能缺省，也不能违反。

简单来说，第一性原理告诉我们，万物皆有源头，那就是事物发展的"一"。大到国家的立国之本、企业愿景，小到个人志向，第一性原理直指事物的本质内核。想要解决问题，就要找到"一"，就要透过现象看事物的本质，把事物分解成最基本的组成，从源头去寻找解决方法。

　　埃隆·马斯克是一个极具开创性的企业家，他将几万颗卫星送到太空组成"星链"，构建了一个覆盖全球的太空通信系统，他投入巨资研发火箭并发射成功，他推出了颠覆性的产品特斯拉，让人们重新认识"汽车"。有人曾问他成功的秘诀是什么，他将其总结为"第一性原理"。他曾说："通过第一性原理，我把事情升华到最根本的真理，然后从最核心处开始推理……""运用第一性原理，而不是运用比较思维去思考问题是非常重要的。我们在生活中总是倾向于比较，对别人已经做过或者正在做的事情我们也都去做，这样发展的结果只能产生细小的迭代发展。第一性原理的思考方式是从物理学的角度看待世界，也就是说一层层剥开事物表象，看到里面的本质，再从本质一层层往上走。这要消耗大量的脑力。"

2002 年，马斯克开启了他的太空探索之旅，他为自己制定了一个目标：将火箭发送到火星上。为了实现这个目标，马斯克四处奔波，参观考察世界各地的航空制造商，希望能找到合适的合作伙伴。然而，他发现购买一枚现成的运载火箭，费用高达 6500 万美元。因为费用过高，马斯克开始重新思考该如何应对这个问题。

他开始运用第一性原理进行推理。当他从事物的本质出发去思考问题时，他发现，其实火箭不过是由航空级铝合金、钛、铜以及碳纤维等材料制成的工业产品。他对制造火箭使用的所有材料的成本进行了核算，发现与火箭的售价相比，这个成本实在是微不足道。这时，他萌生了一个在别人看来有些异想天开的想法：购买便宜的原材料，自己制造一枚火箭。

于是，马斯克创立了美国太空探索技术公司，也就是现在知名的 SpaceX。利用第一性原理，马斯克把自己面对的难题溯源到最根本的问题，从而独辟蹊径，找到了更有效的解决方法。

在创业过程中，无论遇到什么样的难题，马斯克都会运用第一性原理来进行思考。在特斯拉早期研制电动汽车的时候，电池成本高成了一个难以突破的瓶颈，当时储能电池的价格是每千瓦时 600 美元，85 千瓦时电池的价格将超过 5 万美元，但马斯克坚持认为，这个问题一定有解决的办法。他又开始从本质出发进行思考：电池组究竟是由哪些原材料制造而成的？这些原材料的市场价格是多少？他发现，如果特斯拉从伦敦金属交易所采购原材料，自己生产电池，成本只不过是每千瓦时 80 美元。于是，特斯拉组建了自己的电池厂，投产之后成本大幅度下降。

建构在第一性原理之上的大厦才是稳定的。数字时代，我们的认知不断发生变化甚至被颠覆，但是，底层逻辑不变。数字时代是一个数据大爆炸的时代，每个人的周围都充斥着各种各样纷杂无序的数据和信息。然而，这只是表象，只要遵循第一性原理，利用数据科学拨开层层迷雾，看到这些表象背后的本质，我们就能始终拥有笃定的灵魂、坚定的信念和长期主义的心态，不被数字时代日新月异的变化所迷惑，时刻把握住根本。

用进化的思维看世界

当"黑天鹅"成群出现

爱因斯坦在与物理学家玻尔等人争论时说"上帝不掷骰子"，他要表达的意思非常明显——世界是确定的。然而，今天我们知道，在这场争论中，玻尔等人是正确的，爱因斯坦错了，这个世界充满了不确定性。

最近几年，我们看到"黑天鹅"满天飞，"灰犀牛"遍地跑，蝴蝶效应成为新常态，这意味着我们处在一个高度不确定的世界。新型冠状病毒的世界大流行，更是触及了现代人最底层的恐惧基因，让很多人开始不约而同地思考同一个问题：如何应对不确定性？

其实，"不确定性"并不是一个新鲜的命题。人们早已习惯用"VUCA"来形容这个变幻莫测的时代。"VUCA"是一个军事术语，是四个英文单词开头字母的组合，它代表着世界已经进入一个易变的（Volatile）、不确定的（Uncertain）、复杂的（Complex）和模糊的（Ambiguous）时代。的确，"互联网 +"的普及、信息技术的爆发式增长、新思潮的迭代创新以及不规则的需求变化，不断地冲击和颠覆着原有工业体系的经营理念和经营思维，这是时代的潮流、历史的潮流，所有人都被裹挟其中。

数字文明新浪潮的席卷而来，又使我们所处的这个世界的不确定性变得更大，甚至远远超过了过去任何一个时代，不管是变化的规模、速度，还是剧烈程度，都与过去不是一个量级。

云计算、区块链、人工智能、数字孪生、数字原生等数字技术的蓬勃发展，使得越来越多的数据被系统性地收集整理，并通过算法进行大数据分析，转化为极具预见性的结果，使得企业对过去难以捉摸的事物，比如消费者行为，有了远超以往的清晰洞见与判断。借助桌面互联网、移动互联网、物联网以及日趋廉价且日益强大的计算能力，数字技术与算法革命迅猛地改变着人们的生活方式，改变了传统的业务模式，并正在催生更多的新业务模式。与此同时，数字化浪潮，尤其是社交网络及移动互联网上随处可见的评价及比价，也极大地增强了消费者的选择权。他们的需求可能同时发生变化，甚至在世界范围内引爆新的潮流，从而在极短的时间里使一些企业甚至一些行业的命运发生天翻地覆的改变。世界变革的速度倍增，各种不确定性进一步被放大。

在工业时代，我们面对的通常是市场反应难以捉摸、消费需求多变、利润变化等常规性的不确定性；在数字时代，我们面对的却是结构性的不确定性。为什么说是"结构性"的不确定性？因为这种不确定性如同扇动翅膀的蝴蝶一样，会引发巨大的变革，甚至彻底改变市场环境，颠覆经济格局。比如，一些原本拥有巨大上涨空间和很高利润率的市场会不断萎缩，甚至完全消失；一些曾经在行业中数一数二、风光无限的巨头企业，市场份额会不断被蚕食，乃至逐渐退出舞台。这样的故事并不少见，过去我们曾见证了诺基亚、摩托罗拉等行业巨头的倾覆，现在我们正目睹着特斯拉、蔚来等造车新势力对传统汽车行业的冲击。这种结构性的不确定性是长期的，也是世界性的，而且没有人能置身事外。

当"黑天鹅"成为常态，甚至成群出现，努力适应变化已经远远不够。那些能在市场巨变中带领企业走出危机的企业家，一定能洞察时代的发展趋势，敏锐地捕捉到市场的新动向，预见并驾驭未来的巨大变化。他们会对现有的市场需求进行彻底的重新定义，或者挖掘出从未被发现的市场需求，创造出新的业务模式、细分市场。他们会为企业绘出新的蓝图，并带领整个企业迎着外部环境的种种不确定性，主动变革，在变中求胜。

说到这里，我们不得不再次提及的一个人就是乔布斯。苹果公司之所以有今天的辉煌，正是因为乔布斯怀着"活着就为改变世界"的初心，不断打破确定性，屡屡进行颠覆式创新，引领行业变革。

乔布斯虽然是苹果公司的创始人，却曾经因为经营理念太过激进、在决策上独断专行而被驱逐出自己一手创办的公司。在他离开的 12 年里，苹果公司一直在走下坡路，发展越来越糟糕，一度濒临破产。为了挽救公司，苹果公司董事会决定请乔布斯回来，重新担任苹果公司的领导者。

当时的苹果公司充满了不确定性，而且，所有的不确定性都指向一个结果——破产。为了改变这一局面，乔布斯开始在苹果公司内部进行彻底的、全方位的变革。他大刀阔斧地砍掉了一些产品线，实施自己的优势战略，即将有限的人力、物力和财力都用在苹果公司最具优势的项目和产品上，打造具有足够竞争力的精品。

乔布斯又一次成了苹果公司大大小小项目的主宰者，不符合他设计理念的产品，他绝对不让上市，即使这个产品花费了大家再多的心血。乔布斯还直接参与了很多重要产品的开发工作，从最初的概念到最后的上市，其中的每一个环节、每一处细节，乔布斯都会严格把关。他知道只有这样，所创造出来的产品才会更加符合自己最初的设想。

1998 年，乔布斯投入大量时间精力研发的 iMac 正式投向市场。iMac 与当时的其他台式电脑没有任何相似之处，它摒弃了传统的方匣子式设计，采用了显示器与主机合一的设计，弯曲的、半透明的塑料机身，看起来风格独特，很有设计感。因为它的与众不同，iMac 刚一问世就受到了无数消费者的欢迎，仅仅六周的时间就卖出了 27.8 万台，让几个月前还处在破产边缘的苹果公司扭亏为盈。

这之后的几十年里，iMac 历经多次完善，随着科技的不断演变，显像管显示器变成了液晶显示器，再变成更薄的液晶显示器，之后尺寸变得更大、分辨率变得更高……iMac 创造了消费电子产品的辉煌时代，更改变了人们看待计算机的方式。

乔布斯的变革并未止步于此，他又将目光投向了手机行业。

自 20 世纪 90 年代中期以来，诺基亚公司凭借其独特的设计和经营管理，占据了手机行业的大半江山（其市场占有率一度达到惊人的 72%），成为世界第一大手机生产商。在之后的十年间，"NOKIA"（诺基亚）几乎成了手机的代名词，一个诺基亚王朝由此建立。然而，2007 年 1 月 9 日，这个王朝的颠覆拉开了序幕。这一天，乔布斯发布了第一代 iPhone。iPhone 拥有比对手更为先进的操作系统、全触屏操作方式以及 600MHz 的 ARM11 处理器，它带来的体验是革命性的。

在第一代 iPhone 的发布会上，乔布斯曾经说过一句话，"我们将重新定义手机"。殊不知，正是因为 iPhone 的不断创新，整个手机行业都被重新定义。从那之后，手机行业进入了一个全新的智能手机时代，手机与人的关系发生了天翻地覆的变化，手机不再仅仅是一个通信工具，更是人们日常生活中离不开的助手。

这一创新之举很快就遭到其他企业的模仿与复制，不过追随者的脚步永远不可能赶上乔布斯的创新步伐。乔布斯还有新招——App Store。2008 年 7 月 10 日，乔布斯带着 App Store 与公众见面，当时现场并没有太多的掌声与欢呼声。也许那时还没有多少人想到，这个只有 500 款应用的应用商店能为苹果带来什么，能为开发者带来什么，又能为我们的生活带来什么。然而，十几年后的今天，App Store 已经成长为一个拥有几百万款应用、超过 10 亿用户的庞然大物，而且，这个充满活力的生态系统还彻底改变了整个移动手机市场的分发渠道，开创了手机软件业发展的新篇章。

未来学家尼古拉斯·尼葛洛庞帝（Nicholas Negroponte）曾经说："预测未来的最好办法就是把它创造出来。"这句话也是乔布斯的创新历程的最好注脚。

不确定性并不可怕，甚至还孕育着机遇和无限的可能。企业家绝不能在时代浪潮的裹挟之下被动改变，而要勇敢地拥抱不确定性，从内部进行破局、创新与变革，带领企业实现迭代进化。鸡蛋从外面打破，是食物；从内部打破，却是新的生命。

一切皆是因果吗

我们早已习惯了"有因必有果"的思维方式，比如，人们在总结经验教训时，经常会说：因为某某做了某件事，所以成功了；因为某某没有做到某件事，所以失败了。当我们观察到一些现象之后，就会主观地把这些现象联系起来，建立起一种因果关系，从而得到一种"真理"。

这样得来的真理真的靠得住吗？

这种思考和怀疑，早在近三百年前就出现在英国哲学家大卫·休谟（David Hume）的著作《人性论》里："我们无从得知因果之间的关系，只能得知某些事物总是会联结在一起，而这些事物在过去的经验里又是从不曾分开过的。我们并不能看透联结这些事物背后的理性为何，我们只能观察到这些事物的本身，并且发现这些事物总是透过一种经常的联结而被我们在想象中归类。"○

休谟还提出了"恒常联结"这个词，意思是某两样东西虽然总是前后出现，但并不能因此说二者之间是一直"互相联结"的。

自古以来，人类都对"因果"有着很深的执念，所以才有了"种瓜

○ 休谟. 人性论 [M]. 关文运，译. 北京：商务印书馆，2016.

得瓜，种豆得豆"这样的俗语。因果思维是人类认识与理解这个世界的一种工具。人类的社会关系、道德秩序，就是以人们对因果关系的认知为基石的。

休谟如先知般对这种观念进行了辩驳，说出了三百年后人们才想明白的一件事：相关性不等于因果性。

因果思维，究其本质而言，是人类的一种主观的思维方式。然而，客观世界或许并不是按照我们所认为的因果规律运转的，只是"上帝在掷骰子"。

而数字经济的发展，又进一步颠覆了人们的因果思维，让人们认识到：上帝不仅在掷骰子，甚至人类连上帝的骰子有几面都搞不清楚。

在复杂、不确定的混沌世界中，与其徒劳无功地去苦苦探寻因果关系，不如更明智、更现实地利用数据科学去寻找相关关系，借助相关关系和概率论，人类已足以改变世界。正如《大数据时代》一书中强调的观点："大数据时代的到来，使我们无法人为地去发现数据中的奥妙。与此同时，我们更应该注重数据中的相关关系，而不是因果关系。"⊖

从因果思维到相关思维的转变，是数字时代的一种重要的思维变革，人类认识世界的方式也由此改变。数字时代是一个大规模生产、分析、利用和共享数据的时代，云计算等新的技术和工具的出现，使得对海量数据的高效分析与计算成为现实，数据的价值被充分挖掘出来，数据亦成为重要的经济资产。对数据的挖掘，让我们看到了很多以前不曾注意到的相关关系，得到了过去无法企及的商机，创造了巨大的经济或社会效益。

⊖ 迈尔 – 舍恩伯格，库克耶. 大数据时代：生活、工作与思维大变革［M］. 盛杨燕，周涛，译. 杭州：浙江人民出版社，2013.

上帝的骰子究竟有几面？这已经不再重要。重要的是，通过探求"是什么"而不是"为什么"，数据科学帮助我们更深入地了解了这个世界，推动着这个世界向着更好的方向发展。

从慢工出细活到快速迭代

张小龙在谈到产品的时候曾经说："产品是进化出来的，而非规划出来的。"我十分赞同。他所说的"进化"就是数字时代尤为重要的一种思维方式——迭代思维。

过去，我们追求极致精神，什么事情都要做到最好，并为此不惜一切代价。在这种思维的影响下，我们信奉的是"慢工出细活"，欣赏的是像匠人一样不断打磨产品。但在数字化程度日新月异的今天，商业模式和产品更新换代的速度远远超乎人们的想象，各行各业都在经历着空前的新陈代谢，这时，我们还有时间慢慢打磨产品吗？如果我们还像工业时代一样，投入大量的时间和精力去不断完善一个产品，等到它上市时，就已经注定会被淘汰。所以，数字时代，我们需要的是迭代思维。

迭代思维最早源于互联网企业的产品开发过程。在互联网行业里，所有企业都在争分夺秒地研发产品，只有最快、最先推出产品的企业才更有可能赢得先机，成为某一领域里的龙头老大。因此，它们不会等到产品打磨到非常完美后再推出，而是会在最短的时间里将产品上线，进行测试，哪怕它是有缺陷的。在产品面市后，它们会收集用户的反馈，对这个产品进行优化，然后推出升级版，再通过用户的广泛参与进行完善，不断迭代。通过敏捷开发与快速试错，这个产品会变得越来越完善。

有人曾经向苹果公司 CEO 蒂姆·库克（Tim Cook）提了这样一个问

题：苹果为什么要如此频繁地迭代？库克回答："先将市场占领，保持领先地位，然后不断地否定自己，最终超越自己。"这句话说出了迭代思维的真谛。

腾讯在推出微信时，也经历了快速迭代的过程。

2010 年，当"米聊"在市场上刚刚兴起时，腾讯就敏锐地捕捉到了商机，迅速组建团队进行开发。只用了 3 个月的时间，腾讯就于 2011 年 1 月发布了微信 1.0 版本。当时的微信只有 3 个最基本的功能：发送文字消息、发送图片、设置个人头像。它的界面与 QQ 也没有太大的区别，有人甚至认为这就是另一个 QQ。4 个月后，腾讯将其升级至 2.0 版本。在这一版本里，微信增加了语音对讲功能，让用户可以更痛快地交流，并且开始支持 QQ 邮箱提醒，方便用户接收和及时查看邮件。

微信的迭代还在继续：3.0 版本推出了"摇一摇"和"漂流瓶"，给用户提供了全新的寻找好友的方式，从这个点开始，微信开始连接世界；增加了视频信息功能，支持视频即拍即发，方便用户与好友分享自己的生活片段。3.5 版本增加了"扫一扫"功能，方便用户添加好友，方便用户获取信息。在这些功能的基础上，4.0 版本推出了"朋友圈"功能。通过朋友圈，用户可以分享文字、图片、新闻等丰富多彩的内容，好友可以评论、点赞。这使得微信得以立足的强关系链进一步得到巩固，也为微信的平台化奠定了良好的基础。从这个版本开始，微信从即时通信工具向着社交平台进化。

微信 4.5 版本，推出了"公众号"功能，这是微信平台化的另一个关键性突破。作为一个形式新颖的媒体平台，公众号上的内容还可以在朋友圈里传播，一大批自媒体由此孕育而生。

5.0 版本新增了"绑定银行卡"功能，这使得微信向着移动生活场景进化。此后，5.3.1 版本增加了"我的零钱"，5.4 版本新增了"二维码收钱"，6.1 版本新增了"发红包"功能……基于这些功能的不断推出，微信的支付方式越来越完善，同时作为平台，微信还内置了京东购物、转转等很多第三方服务，构建了支付和消费的闭环。

每个版本推出之后，微信都会马上投入下一个版本的研发中，有些功能甚至在上一个版本就有了思路，但是为了用户体验会推迟到下一个版本再实现。如今，微信已经迭代到了 8.0 版本，成了我们今天熟悉并经常使用的移动生活平台。

迭代思维的秘诀说起来很简单，就是快速地、不断地推陈出新，但是做起来并不容易。快是迭代的必然要求，但迭代不只是快，更是由量变引发质变。而要实现这种质变，快速试错、接受反馈、快速更新是必不可少的。我们要通过现实中（来自市场、用户等）的不断验证、从外界获取反馈、不断的试错，发现产品的不足之处和用户的新需求，进而对其进行修改、优化，才能使其臻于完善。

在这个充满不确定性的时代，迭代思维不只适用于产品的研发，还可以对我们的生活有所启发。那些懂得快速迭代的人，往往能够比别人更快地适应时代的变化。比如，现在很多企业家都在直播带货，这背后的逻辑与网红直播带货或许是不一样的，但能迅速跟上渠道变化的潮流并掌握流量密码，充分体现了他们的迭代思维，这值得我们学习。

企业正在避"重"就"轻"

宏碁集团创始人施振荣曾经提出一个经典的"微笑曲线"——产业

利润分割点曲线：在一个行业中，上游的研究开发与下游的售后服务附加值较高，而中间的生产环节随着标准化作业模式的采用和竞争的加剧，利润空间最小，因而产品工序流程的附加值曲线就形成一条两头高、中间低的 U 形曲线。这条 U 形曲线看上去就像一个微笑的符号，因此被称为"微笑曲线"。

"微笑曲线"说明了一个企业选择何种经营战略会决定其盈利能力，进一步地，也就决定了这家企业的价值。在当前的市场经济条件下，企业应向微笑曲线的两端发展，也就是加强创新，加强客户导向的营销与服务。

在数字时代，科技与知识更新速度越来越快，市场需求越来越丰富多变，市场竞争的特点从"大鱼吃小鱼"变成"快鱼吃慢鱼"，企业必须轻装上阵，才能敏捷应对、游刃有余。因此，变"轻"已经成为数字时代很多企业的一种新思维，越来越多的企业开始在内部进行变革，通过将非核心业务外包、加快数字化转型等方式，努力把自己变得越来越"轻"，从而将有限的资源聚集起来，用于打造企业的核心竞争力。

神州数码给一个全球知名的汽车公司提供过一项智能工位分配的服务。这家汽车公司在我国的很多城市都有分公司，员工经常四处出差，流动性很强，因此有大量的工位处于闲置状态。为了避免办公空间的浪费，提高工位的利用率，降低经营成本，这家汽车公司希望办公工位能够变成可移动的。

神州数码根据它的需求研发了一个智能工位管理系统。当员工来到公司，进行人脸识别后，这个智能化系统就会给他自动分配工位以及他所需要的计算机等办公工具。而且，在进行工位分配时，这个智能化系统还会充分考虑到每个人的工作特性，将业务相同的员工分配在同一个区域，便于他们之间的交流沟通。这样一来，虽然员工不再有专属的工位，但是他的工作不会受到影响，甚至办公效率还得到了提高。通过工位分配的数字化，这家汽车公司降低了工位闲置率，并因此变得更"轻"。

当企业从"重"变"轻"，其生产成本会大大降低。企业利用数字技术将资产数字化，将业务流程和方法进行重构和优化后，就能减少很多不必要的支出，提高运营效率。设想一下，当一家企业的所有环节都实现了数字化，它一定会变得越来越轻，越来越敏捷，越来越高效。除此之外，企业把一些重资产环节，比如缺乏技术含量的产品、零部件的生产，外包给更有成本优势的公司进行生产制造，能节约大量的基建、设备投资，而且会降低自身的人工费用，从而使生产成本大幅度降低。

在变"轻"的过程中，企业还可以对内部和外部的各种资源进行整合，把资金和精力集中于技术研发、品牌塑造、市场营销等核心业务。这样一来，企业的核心竞争力就会显著提升，从而使企业在激烈的市场竞争中表现出更强大的战斗力。

企业变"轻"后，可以把主要精力和资源集中在微笑曲线的技术环节和营销环节，这有利于塑造良好的品牌形象，提升品牌知名度，从而大大提高品牌附加值。尤其是当企业处于产品同质化比较严重的行业时，产品本身已经没有什么可以挖掘的价值，想要提高产品的附加值，只能在品牌概念、品牌形象建设上下功夫。

而且，越"轻"的企业，组织结构的灵活性会越高。很多企业追求"大而全"，但这样的企业往往管理链条过长，信息传递成本和管理成本巨大，而且难以适应变幻莫测的市场环境。通过内部管理的数字化、智能化或者将部分非核心部门转移出去，可以大大提高企业组织结构的灵活性。在微软公司全球的 3 万余名雇员中，有超过一半的雇员是从事软件开发的，有约 1 万人做市场和销售工作，还有约 4000 人从事财务、人事、办公室管理和物流管理工作。其他业务和资源全部通过业务外包与采购获得，组织结构因此变得非常灵活。

但值得注意的是，企业变"轻"，也要遵循一些原则，比如，要以核心能力为基石。

有些企业把轻资产运营当成"空手套白狼"，以为可以无本万利。但事实上，轻资产运营绝对不是"空手道"，如果要论"轻"，皮包公司一定是最"轻"的，但如果里面没有真正的轻资产，这样的公司也是毫无价值的。企业的"轻"是基于核心能力而产生的，只有明确并且拥有核心能力的企业，只有知道应该专注什么、放弃什么、依托什么去运营的企业，才能通过变"轻"变得更强。小米手机很"轻"，但它的"轻"是建立在突出的营销能力和品牌优势基础之上的，而且这一点得到了市场甚至竞争对手的认同。

企业的"轻"还要依托知识发挥作用。只有拥有足够"知本"（智力资本）的企业，才能以"轻"取胜。实际上，不管企业的核心能力是什么——是战略布局、研发设计、技术创新，还是品牌宣传、企业文化、资源整合……从本质上来说都属于知识能力。正是因为知识资产具有一种区别于物质资产的特点——边际成本近乎为零，才使得企业通过变"轻"而实现以小博大，获得更强的盈利能力、更快的发展速度。

在数字经济正改变整个经济格局的当下，一切都在变，企业的组织结构、商业模式、营销渠道、沟通交互方式等都在变。"快""适应"成为这个时代的商业特征，而对应的企业特征应该是"轻"。爱彼迎没有一间房子，但它却是最大的房屋出租公司；美团没有一家饭店，却成了中国最大的餐饮平台。**数字时代，变"轻"不但是一种选择，更是一种必然**。放弃一棵树，拥有一片森林，减负优化才是这个新时代的经营思维。

"上帝的指纹"

进入数字时代，科技创新加速，外部商业环境变得更加混沌复杂，消费需求越来越丰富多样……这些新的时代特征对企业的战略发展造成了巨大的影响，使企业不能再依靠过去的组织秩序和组织规则找到增长点，而必须做出系统性的升级重构才能在变化中求生存、求发展，才能适应这个不可预测的数字世界。正因为如此，企业的管理思维也发生了变化，越来越多的企业放弃了过去的"他组织"，而采用"自组织"思维来对企业的组织模式进行思考和设计。

德国物理学家、协同学创始人赫尔曼·哈肯（H. Haken）从组织进化的视角，将组织分为"他组织"（hetero-organization）和"自组织"（self-organization）两种类型。"他组织"指的是通过外部指令和控制而形成的组织，比如军队；"自组织"则指的是按照相互默契的某种规则，实现内部不同要素的运作协调，自发地形成有序结构的组织。

不同时代的企业，具有不同的管理特点。工业时代，企业管理的侧重点是机器；互联网时代，企业关注的是连接；而数据时代，企业最重视的要素是数据。企业的竞争核心也因此发生了重大的转变。工业时代，产品就是一切；互联网时代，用户体验至上；而数字时代，平台至关重要。与之相适应的是，工业时代的企业大多是他组织形式；互联网时代的企业仍然以他组织形式为主流，但有一小部分有前瞻性的企业已经开始向自组织进化；而数字时代，自组织的企业将占据越来越高的比重。

数字化的认知和思维意味着不再关注事物本身，而是关注事物之间的关系。这也是工业思维和数字经济思维的一个重大区别，工业思维是基于事物的思维，而数字经济思维是基于关系的思维。基于关系的企业往往能够实现指数级增长，微信、抖音等企业的成长充分证实了这一论断。

所以，数字时代的企业管理者需要升维，要把组织结构设计得更加柔性化，不断提高组织的弹性和自适应性，让组织更开放，吸收更多的人才、资源和资本；要打造利他的企业文化，要为企业内部的员工、外部的合作伙伴赋能，追求共赢；要实施平台化管理，使组织的结构和秩序产生效率，让组织更加充满活力，最终提高组织对外部环境的适应性，实现组织持续发展。

企业进行自组织管理的核心在于，要在企业内部构建起一种共识、共创、共享、共治的新型关系，以此来实现共赢。

共识是自组织的基石，指的是组织中每个人的价值观都要与企业价值观保持一致，以形成战略共识与文化价值认同，从而使企业成为使命与价值驱动型组织，具备高度的凝聚力和战斗力。

共创指的是在企业中价值驱动要素联动起来，合作协同创造价值，并以客户为核心形成价值创造、价值评价、价值分配的循环，使所有员工齐心协力持续奋斗。人人都尽己所能，而非坐享其成。

共享是自组织的核心，是指个人与公司共同分享成长的收益，在企业内部建立共享平台。

共治则是在企业内部形成新的治理规则，决策上移、责任下沉、权力下放，员工与管理者、股东站在同一战线，共同建设企业，促进企业内部生态圈的良性发展。

在此基础上，自组织企业会发生以下三个重要的转变。

1. 从中心化转变为去中心化

中国的传统企业大部分采取的是中心化的组织形式。这种中心化组织看起来有序、高效、职责分明，然而，决策权力几乎全部集中在领导层手中，企业规模越大，决策流程就越长，这导致组织效率很低，人浮于事的现象比比皆是。同时，领导层的水平和格局也会对企业的发展造成限制。毕竟，人的能力是有限的，不可能了解所有的信息，难免做出错误决策。而且，在这样的企业中，下属不需要了解领导者的意图，只要照做就行。如果领导者比较强势、爱面子，下属往往会因为考虑到他的权威性，而选择维护领导者的"面子"，在具体的事情上尽可能多做少说。这样一来，员工的主观能动性和创新意识都会受到束缚，价值无法得到充分发挥，不能为企业做出更大的贡献。

而数字时代，一切都要求更快，决策要快，产品更新换代要快，服务要快，市场响应也要快，这使得组织必须去中心化。去中心化组织打破了传统的金字塔式的科层制束缚，建立了一种全新的企业运营方式：谁最接近用户，谁最接近企业价值最终变现的环节，谁就拥有话语权，谁就可能成为组织的核心。

在去中心化的组织中，传统的架构和工作方式被彻底颠覆。去中心化组织将企业内部的各项业务组成模块，使每个项目专注于核心知识领域，专业服务于不同的客户，从而对这个领域的变化更加敏感，反应更加敏捷。

2. 从稳态走向敏态

传统组织追求的是稳定，而数字时代，市场环境在变，产业在变，业务在变，客户也在变，组织也开始追求敏捷性、灵活性。只有敏态的组织架构，才能适配数字时代的组织形态，从而为企业向自组织转型提供坚实的基础。

3. 从僵化走向柔性

对传统组织来说，组织的内部与外部有着明显的边界，组织只能依靠自己的力量进行运营。无论组织擅长的还是不擅长的，都要自己去做，这使得经营成本不断提高，组织越来越脆弱。在组织内部，上下级之间、各个部门之间也存在着清晰的界限。无论是员工还是部门，都只考虑自己的职责、利益，不能从整体去思考问题，这导致企业内部无法协同。

柔性化的组织，则拓展了组织边界，能快速整合内外部资源，并在内部实现资源共享、高效协同、全局发力，从而使组织效能大大提高。

数字时代，我们所面临的是一个实现了从量变到质变的全新时代，是一个认知颠覆、追求创新的时代，是一个充满不确定性的时代。企业要适应环境的变化，就必须有一种自我变革能力、自我修复能力，只有这样，才能实现快速迭代。那些持久发展的组织，都是在一种从无序到有一些"序"，再到有序的过程中不断被反馈，从而修复、完善，进而重构新秩序、实现组织进化的。

曼德布罗特集（Mandelbrot Set）是人类有史以来创造的最诡异、最瑰丽的几何图案，因而被称为"上帝的指纹"。在这个几何图案里，有的部分如同绚丽的日冕，有的部分如同跳动的火焰，无论将图案放大多少倍，人们都能看到更加复杂的局部。这些局部与整体既有差异，又有一些相似之处，这些梦幻般的图案，具有无穷无尽的细节和自相似性，让人领略到淋漓尽致的数学之美。

而那些由自组织涌现出来的企业，无论是平台企业、共生企业还是生态链企业，都能呈现出"上帝的指纹"。它们从传统、庞大的企业组织裂变为更有活力的小微自主经营体，既与母公司一脉相承，又拥有独立的管理权、决策权、用人权和分配权，既能在生态圈中吸收营养，又能自主创新，快速适应环境变化，创造独特的价值。在中国，这种组织的代表是海尔、腾讯、小米、字节跳动等，它们充分体现出了自组织的力量，并在这种力量的驱动下继续不断进化。

重塑数据管理新认知

谁才是数据的主人

在数字时代，数据可以不断地被挖掘和利用，其使用价值将比以往任何一个时代都重要，正如《大数据时代》中所说："数据就像一个神奇的钻石矿，它的首要价值在被挖掘后仍能不断地给予创新。它的真实价值就像是漂浮在海洋中的冰山，第一眼只能看到冰山一角，而绝大部分都隐藏在水面之下。"⊖而要想更好地利用数据，挖掘其价值，我们必须学会对数据进行科学、高效地管理。随着人工智能、区块链、云原生等技术的蓬勃发展，旧的数据应用与管理规则将被颠覆，新的规则正在形成。

了解数据管理的新规则，我们要先从数据确权开始说起。

有一个关于美国前总统特朗普的故事，充分说明了数据确权是多么重要。

在 2016 年的美国总统大选中，唐纳德·特朗普爆冷击败了大热的总统候选人希拉里·克林顿，当选新一任美国总统。这一结果令世界哗然，一些人开始深挖这场选举背后的故事，这时，一家隐藏在特朗普身后的、叫作剑桥分析的公司逐渐浮出了水面。

剑桥分析公司是一家数据公司，它从互联网上搜集数据，进行分析后提供给有需求的公司。在 2016 年的美国总统大选中，剑桥分析公司利用从 Facebook 那里盗取来的 8700 万用户的数据，为竞选进行精准营销，针对目标选民在 Facebook 上推送特朗普的政治广告，最终帮助特朗普成功当选美国总统。

戴维·卡罗尔（David Carroll）是一位美国学者，一直关注当前社会中的数据泄露问题，而剑桥分析公司在总统大选中所做的事情，恰恰证实了他的担忧。2018 年，他想到了一个主意：如果 Facebook 上的个人数据都在剑桥分析公司那里，那么，个人是否可以向这家公司要求归还自己的数据？

⊖ 迈尔－舍恩伯格，库克耶. 大数据时代：生活、工作与思维的大变革［M］. 盛杨燕，周涛，译. 杭州：浙江人民出版社，2013.

2018 年 8 月，卡罗尔向剑桥分析公司提出申请，希望这家公司归还与他相关的个人数据。他认为，数据权利应该被视为个人的基本权利而得到尊重。2019 年，戴维·卡罗尔赢得诉讼，剑桥分析公司的母公司 SCL 集团认罪。

戴维·卡罗尔在接受记者采访的时候，提出了一个深刻的问题："当我们被当成一种可以'开采'的大宗商品时，意味着什么？"

这不由得让我们深思：数据究竟属于谁？由谁来使用？人们的隐私权如何来保护？

在数字时代，频繁的网络生活使我们的各种行为被广泛地记录了下来，产生了海量的数据。数字产业化与产业数字化的快速融合发展，使数据成为一种基础性资源。数字经济的发展需要数据有序、安全地流动，数据产权已经成为一种不可忽视的权利，数据确权也因此成为当务之急。

所谓数据确权，指的是确定数据的权利人，也就是谁拥有数据的所有权、占有权、使用权、受益权，以及谁对个人隐私权负有保护责任等。北京国际大数据交易所对"数据确权"的定义是为明确数据交易双方对所交易数据在责任、权利等方面的相互关系，保护各自的合法权益，而在数据权利人、权利性、数据来源、取得时间、使用期限、数据用途、数据量、数据格式、数据粒度、数据行业性质和数据交易方式等方面给出的权属确认指引，以引导交易相关方科学、统一、安全地完成数据交易。

数据确权之所以难，是因为与我们常见的有形或无形物的产权相比，数据权利有其特殊性。

比如，数据是多种多样的，数据类型不同，权利也不同。通常来说，按照产生的主体，数据可以分为三种：政府数据、商业数据和个人数据。政府部门在履行职责的过程中制造或者搜集到的数据是政府数据，企业等商业机构在运营过程中制造或搜集的数据是商业数据，而个人数据指的是那些与个人有关的、能够识别个人身份的数据。当然，在前两种数据中也会有涉及个人特征的数据，这些数据也应被归为个人数据的范畴。这三种数据的权利是不同的。除了都具有财产权属性外，政府数据通常被认为是社会公共资源，对这类数据，公众有知情权、访问权以及使用权。商业数据的权利包含财产权，以及企业的知识产权、商业秘密权和其他合法权益等。而个人数据的权利同样包含财产权，同时，因为个人数据还涉及姓名权、隐私权等，所以，人格权也是个人数据的一项重要权利。数据权利不是一成不变的，应用场景发生了变化，数据权利也会发生变化，甚至衍生出新的权利，这也加大了事先约定权利归属的难度。

再如，在数据的生产过程中有很多参与者，每个参与者在各自环节都对数据价值做出了贡献，权利需要在各参与者之间进行划分。对于实物资产，确权是一个非常清晰明了的问题。无论大到房屋、汽车，还是小到杯子、椅子，它们在产权层面都是非常明晰的。生产商生产了这些产品，这个生产过程与消费者无关，因此，生产商独享产权。而当这些产品从生产领域进入消费领域后，消费者通过购买获得了它们的产权。然而，数据的生产过程完全不同。以电商为例，我们在消费过程中所生产的大量数据被电商平台所掌控，电商平台利用这些数据为自己的业务服务，比如，通过对这些数据进行分析，为用户提供个性化的产品推荐。但是，这些数据的生产过程并不是由电商平台独立完成的，电商平台只是提供了一个平台，在这个平台上，用户通过注册、浏览、订阅、购买、评论等一系列行为生产了相关的数据。所以，这些数据的生产过程，电商平台与用户都有参与，都做出了贡献。这些数据的产权归属和使用权就很难确定。

面对错综复杂的数据利益，如何进行数据确权，是数字时代我们必须面临的一个新挑战。

要解决数据确权问题，政府的引导与规范发挥着重要的作用。现在，各国政府也在进行着数据治理方面的探索。

在我国，2015 年 8 月 31 日，国务院印发《促进大数据发展行动纲要》，明确提出"引导培育大数据交易市场，开展面向应用的数据交易市场试点，探索开展大数据衍生产品交易，鼓励产业链各环节市场主体进行数据交换和交易，促进数据资源流通，建立健全数据资源交易机制和定价机制，规范交易行为"等一系列健全市场发展机制的思路与举措。在国家政策的积极推动、地方政府和产业界的带动下，很多省市都开始探索大数据交易机制，贵阳大数据交易所、武汉东湖大数据交易中心、上海数据交易中心、北京国际大数据交易所等纷纷成立，为数据资产登记确权、数据资产整合、建立交易双方数据的信用评估体系等做出了巨大的贡献。

在美国，2016 年，美国联邦通信委员会（FCC）批准了一项消费者隐私保护规则，明确规定由宽带互联网接入业务所产生的数据的所有权归消费者，宽带服务提供商在使用消费者的网络搜索、软件使用、位置信息和其他与个人信息相关的数据之前必须征得消费者同意。

2017 年，欧盟发布了《构建欧洲数据经济》（Building a European Data Economy），对非个人的和计算机生产的匿名化数据设立数据生产者权利，他人未经授权不能使用和获取这些数据。

2018 年，欧盟颁布了《通用数据保护条例》（GDPR），规定用户对与自己相关的数据拥有自主控制权，并且数据主体有权要求数据控制者删除与其相关的个人数据以及避免其数据被传播。

2020 年 12 月 15 日，欧盟又公布了《数字服务法案》和《数字市场法案》两个立法草案。这两个草案针对的是数据平台和大型科技企业。《数字服务法案》是为了进行平台治理，保护平台内用户的数据权利，而《数据市场法案》则针对平台竞争，目标是创造公平的平台竞争环境。

数字时代，一个国家的数据产业与国民经济、人民利益、社会发展息息相关，而数据确权是数据产业整个链条中最为基础的一环。把数据作为一种商品，并进行有效的产权厘定，将为数据安全提供清晰的制度保障，为数据产权纠纷提供规范化的评价体系，发挥数据对促进社会经济发展的潜能，使其更好地为社会创新和发展服务。

给数据安全加上"紧箍咒"

数字时代，各行各业都在加速进行数字化转型，数据和电力、工厂、园区、城市、交通、金融的关系越来越紧密，全球数据总量爆发式增长。中国信息通信研究院（简称中国信通院）发布的白皮书显示，到 2035 年全球总数据量将超过 2 万亿 TB，为目前总数据量的 42 倍。如此巨量的数据背后，是严峻的数据安全挑战。

近年来，频繁发生的数据泄漏事件已经充分说明了这一点。如上一节中我们提到的 Facebook 用户数据泄漏问题，侵犯了很多人的隐私权，美国政府对 Facebook 处以 50 亿美元的罚款（相当于其一年总收入的 9%）；谷歌的母公司 Alphabet 因为对个人数据的处理违反欧盟 GDPR，被处以 5000 万欧元的罚款。这些巨额的罚款足见数据安全的必要性与重要性。

传统的安全模型主要面向网络和已知威胁，但随着新型数字化企业的 IT 重心向以业务应用为中心转移，传统安全模型面临巨大的挑战，包括面临高级持续性威胁（Advanced Persistent Threat，APT），零日漏洞防护非常脆弱；网络边界发生变化，边界防护无法解决内部威胁问题；人的因素成为安全体系的重要不确定因素和影响因素，这方向以前没有得到足够重视。

在数字原生时代，数据安全已经不限于传统信息安全领域对数据的破坏、篡改、越权使用等行为的防范。新时代的数据安全，更重要的是要在确保上述目标的前提下，实现数据的有序流动、合规使用、安全融合，才能最大化地从数据中获取洞见，为更多人提供数据的价值。否则，被封死的数据，其价值是极其有限的。我们所说的数字原生时代就会止步于对数据安全隐患的忧虑。

对数据安全流动和使用的第一个现实需求，通常是"数据脱敏"。这一需求在绝大多数企业中极为常见，事实上，数据价值的发掘者和使用者无须知道数据集中的敏感部分的内容，仅仅需要知道数据集的整体逻辑关系。如果能够采用技术手段，把数据集中预先确定的敏感部分予以混淆和模糊处理，整体数据集的价值就能够得到无损的充分的发挥。而在数据脱敏技术问世前，这是横亘在数据价值发挥面前的一道难关。

神州数码研发的 TDMP（Tara Data Masking Platform，测试数据管理平台）数据脱敏系统就能够在企业客户环境中实现这一功能。

与所有创新技术的落地一样，数据脱敏技术的落地也包括技术实现效果本身以及技术对真实企业环境的无损适配这两个关键点。TDMP 在 PB 级的数据量、各种复杂的企业数据源的环境下可以确保高并发、高性能地实现脱敏；内置的 AI 扫描引擎不仅能实现对敏感数据进行高度变形、屏蔽，还能让脱敏后的数据保有业务数据的高仿真性和一致性，保证脱敏后的业务语义保持不变。相同的数据进行多次脱敏，或者在不同的系统进行脱敏，数据始终保持一致性，保障了业务系统数据变更的持续一致性以及广义业务的持续一致性。

这两个关键点使得神州数码的这个产品在大量金融企业中得到广泛认可，并迅速向金融以外的行业拓展。

事实上，数据脱敏仅仅是实现数字原生时代数据安全的技术之一。我们应该认识到，从数据源头对数据的分解、分类、识别，到大数据沙箱的部署，再到数据脱敏、多方安全计算、隐私计算、可信计算等场景的技术实现，整个数字原生时代的数据安全治理已经成为让数据安全流动的保障，是发挥数据价值的关键支撑体系。它所撬动的市场是不可限量的。神州数码正在这个领先领域进一步投入力量，和我们的合作伙伴一起，推动数字原生时代中国企业的数据安全能力建设。

数据安全已经超脱于传统信息安全，除了通过一系列的数据安全技术来确保数据安全，完善的法律也是不可或缺的。近几年，各个国家纷纷密集颁布数据安全相关的法规以及标准，如欧盟的《通用数据保护条例》、美国加州的《2018 加州消费者隐私法案》等。我国关于数据安全的法律保护体系也越来越健全。

2017 年 6 月 1 日起，《中华人民共和国网络安全法》正式施行，这有效地保障了网络安全，维护了公民、法人和其他组织的合法权益，同时也助力经济社会信息化健康发展。

2021 年 9 月 1 日，《中华人民共和国数据安全法》开始施行，为规范数据处理活动、保障数据安全、促进数据开发利用提供了切实的保障。

2021 年 11 月 1 日，《中华人民共和国个人信息保护法》（简称《个人信息保护法》）正式生效，这意味着我国对数据安全的保护进入了新的历史时期，我国公民和企业的数据安全及隐私保护迈上了新台阶。

在大数据时代，数据的开发、利用、共享和融合能使我们享受到大数据红利，但在这个过程中，又隐藏着数据安全问题。只有用法律和数据安全技术给数据安全加上"紧箍咒"，数据才能在安全流动中实现利益最大化。

以数据主权抗衡数据霸权

以色列历史学家尤瓦尔·赫拉利在其著作《今日简史》中提出了"数据霸权"的概念，他说："随着越来越多的数据通过生物传感器从身体和大脑流向智能的机器，企业和政府将更容易了解你，操纵你，为你做出决定。更重要的是，它们还可能破译所有人身体和大脑背后的深层机制，拥有打造生命的力量。"〇

在赫拉利看来，当下的高科技巨头掌握了数亿乃至数十亿全球用户的数据，通过对这些数据进行分析，它们能深入、全面地了解用户的生活模式，甚至比用户更了解他们自己。对于掌握这些大数据的公司，世界并不真的存在秘密。凭借着持有的巨量数据、大量运算资源及最先进的分析能力，这些公司不仅能获得巨额利润，还能不受限制地拓展自己的商业版图。赫拉利由此总结出：掌握了数据的人，也同时掌握了一种"数据霸权"。

〇 赫拉利. 今日简史：人类命运大议题［M］. 林俊宏，译. 北京：中信出版集团，2018.

在农业社会，土地是最重要的资产，那时，人们之间的斗争一直围绕着土地进行，谁拥有更多的土地，谁就更有权势。到了工业社会，机器和工厂的重要性超越了土地，斗争就转变为对这些重要生产工具的控制权的争夺。但到了数字时代，数据的重要性逐渐超越土地和机器，于是，最激烈的斗争将以对数据的控制权为中心。

放眼望去，谷歌、Facebook、亚马逊、字节跳动、阿里巴巴、腾讯等互联网巨头在数据的搜集和控制方面已经树立了占据绝对优势的霸权地位。

关于数据霸权的一个经典例子，是谷歌、Facebook 和澳大利亚的媒体付费之争。2021 年 2 月 17 日，Facebook 宣布将停止澳大利亚媒体和用户在其平台上的新闻发布、浏览和分享功能，其中包括澳大利亚政府的官方账号。

这些高科技巨头的举动，让人们看到了它们所拥有的一种几乎不受控制的权力。这种权力不是由国家和法律赋予的公权，而是它们的用户在无意识中赋予的权力。这种权力建立在互联网时代空前强大的信息垄断之上，其影响力几乎没有边界。谁拥有这种权力，谁就拥有了在数字世界里生杀予夺的能力。

2019 年，经济学家肖沙娜·朱伯夫（Shoshana Zuboff）在其著作《监视资本主义时代》（*The Age of Surveiuance Capitalism*）中，一针见血地揭示了大型科技公司如何通过监视用户的行为数据获取巨额利润，进而主导资本主义社会，重新构筑权力体系。

2019 年 8 月，剑桥分析公司联合创始人克里斯托弗·怀利（Christopher Wylie）也通过其著作《心智操控》（*Mindf*ck*）向公众揭露，社交媒体的数据如何被利用来操纵 2016 年的美国大选和英国脱欧，并向公众提出警示："那些控制信息的当今世界上最强大的科技公司，正在以过去无法想象的方式操控大众的思想。"

如果说人类在陆地、海洋、太空之外发展出了互联网上的虚拟世界，那么这些高科技巨头无疑是虚拟世界的超级玩家。随着虚拟世界与现实世界的日益融合，这些科技公司基于在虚拟世界中获得的巨大权力，又开始塑造着现实世界，甚至逐步成为现实世界中新的主宰者。这种数据霸权，已经成为悬在我们头顶的达摩克利斯之剑。

当然，拥有这种数据霸权的不只是这些互联网巨头，有一些国家也在构建自己的数据霸权，比如美国。2018 年 3 月，时任美国总统特朗普签署了《澄清境外数据合法使用的法案》（即《云法案》）。这个法案规定，为保护公共安全和打击恐怖主义等，美国政府有权力调取存储于他国境内的数据；但如果其他国家要调取存储在美国的数据，则必须通过美国的"适格外国政府"审查，其中包含人权等与数据保护无关的标准。《云法案》打着"公共安全"的旗号，对他国数据进行长臂管辖，在数据主权上实行双重标准。

传统的社会权力结构和社会治理，与传统媒体时代的信息传播是互相匹配的。在数字时代，社会权力结构和治理体系必将重构。而在这个过程中，数据主权不可忽视。只有将数据安全上升到主权的高度，树立新的数据主权观，才能有效地与数据霸权相抗衡。

数据主权不像传统主权那样主张主权的绝对性、最高性、排他性，因为国家并不掌握全部的数据，也没有能力挖掘全部的数据；数据世界的实际支配者是那些高科技巨头，数据主权首先是针对它们的，其次才是针对它们的实际控制者所在国家的。数据主权主要主张对隐私与安全的保护，当这种保护要求没法通过一般性的法律监管实现时，主权国家就会主张对数据的实际控制，比如本地化存储、数据信托、跨境流动管制等。但无论具体措施如何，隐私与安全都是数据主权的正当性基础。

正因为如此，2020 年 7 月，欧盟接连发布了两份关于数据主权的报告：7 月 14 日，欧洲议会发布研究报告《欧洲数字主权》，阐述了欧盟提出数字主权的背景和加强欧盟在数字领域战略自主权的新政方针，并明确了 24 项正在采取的具体措施；7 月 30 日，欧洲对外关系委员会（ECFR）发布《欧洲的数字主权：中美对抗背景下从规则制定者到超级大国》，阐述了欧盟不能继续满足于通过加强监管来捍卫欧盟数字主权，毕竟裁判永远无法赢得比赛。欧盟现在不仅要做规则制定者，还要直接"下场踢球"，在中美科技对抗的夹缝中，成为数字领域的超级大国。

中国也应该全力捍卫数据主权，构建自己的国家数据战略。比如，在法律层面明确"国家数据主权"，为数据全生命周期监管提供法律依据；加强数据的跨境监管，对国内数据出境严格管控，规范外资和外资控股企业数据中心建设，在我国境内开展业务的企业，必须将其业务数据存储于我国境内的数据库或数据中心，必须接受政府监管；加快大数据领域核心关键技术国产化替代步伐，彻底解决"卡脖子"的问题，让数字基础设施牢牢掌握在自己手中，努力筑牢数据主权的坚固藩篱。

高纬度文明呼唤新的世界观

元宇宙开启数字化迁徙

过去，元宇宙的概念一直被认为是一个超前的理念，停留在想象层面，不过，始于 2020 年的新冠肺炎疫情成了元宇宙的加速器，使它正一步步成为现实。这意味着，人类已经踏上了向数字世界迁徙的征程。

随着新冠肺炎疫情在世界各地不断蔓延，人们不得不减少在现实世界的流动和人际接触，大量经济活动和社会活动在虚拟世界中展开。技术交流、毕业典礼、课堂授课乃至演唱会，都转移到了线上。线上线下的打通，使得现实世界与虚拟世界第一次如此紧密地融合在一起，人们的世界观也因此发生了巨大的变化，一种新的认知开始形成：虚拟世界并非虚幻的、无足轻重的，在数字时代，它将成为人类全新的生活空间。

疫情困住了人们的脚步，却点燃了人们对元宇宙的热情。如今，元宇宙浪潮已经滚滚而来。

2021 年 3 月，一家名叫罗布乐思（Roblox）的科技公司在美国纽约证券交易所正式上市，这是第一家将"元宇宙"写进招股说明书的公司，因此被认为是"元宇宙第一股"。

Roblox 在其沙盒游戏平台上构建了元宇宙的雏形，创造了以 Robux[一]为核心的双向经济体系，并且提出了元宇宙世界观。

> 身份：在元宇宙中必须拥有一个自己的虚拟身份；
> 朋友：在元宇宙中可以进行社交，拥有元宇宙中的朋友；
> 沉浸感：要有沉浸式的体验感；
> 低延迟：元宇宙中的一切都是同时发生的，无延迟；
> 多元化：元宇宙提供的内容应该十分丰富；

［一］ Robux 是 Roblox 的游戏中的一种虚拟货币。

随时随地：可以随时用任何设备在任何地方登入其中；

经济系统：会有属于元宇宙自己的经济系统；

文明：元宇宙也有自己的虚拟文明。

Roblox 的上市，给沉寂已久的互联网创新带来了新的活力和想象空间，也让众多互联网巨头看到了元宇宙的美好前景，纷纷开始布局元宇宙，争相进入这一崭新的赛道。字节跳动先是斥巨资收购 VR 创业公司 Pico，又斥资 1 亿元投资元宇宙游戏开发商代码乾坤。日本社交巨头 GREE 宣布将开展元宇宙业务。微软在 Inspire 全球合作伙伴大会上也宣布了企业元宇宙解决方案。

Facebook 则走得更远一些。2021 年 10 月 29 日，在 Facebook 的 Connect 开发者大会上，其首席执行官马克·扎克伯格宣布放弃沿用了 17 年的旧名字 Facebook，改用新名字"Meta"，这个词来源于"Metaverse"（元宇宙）。这意味着，这家科技巨头将从一家社交媒体公司转变为一家"元宇宙公司"，融合了现实世界和虚拟世界。

在创始人的公开信中，扎克伯格对元宇宙的前景进行了展望："未来你将可以以全息图的形式被瞬间传送到办公室，无须通勤。或者以这样的方式和朋友一起参加音乐会。你将得以把更多时间花在对你重要的事情上，减少通勤时间，并减少碳足迹。想想你今天有多少物理属性的东西在未来可能变成全息图，你的电视、带有多台显示器的完美工作装置、棋盘游戏等——它们将不再是由工厂组装的实物，而是由世界各地创作者设计的全息图。"

元宇宙的未来不止于扎克伯格的想象。如果说数字化变革是对当下社会的重塑，那么，元宇宙就是对未来社会的重构，它展示出了数字时代新思维下人类认知的新疆界。

进入新阶段的元宇宙已经不再是《雪崩》中所认知的"元宇宙",其内涵有了更大的延伸。它吸纳了人工智能、VR、AR(增强现实)、MR(混合现实)等数字技术的成果,为人类展现出构建与现实世界平行、融合的数字世界的可能性;促进了信息科学、量子科学以及数学和生命科学之间的互动,改变了科学范式;推动了传统的哲学、社会学甚至整个人文科学体系的突破;囊括了所有的数字技术,包括区块链技术;丰富了数字经济转型模式,融合 De-Fi(分布式金融)、IPFS(分布式文件系统)、NFT(非同质化代币)等数字金融成果。

未来,元宇宙将不再局限于如今这个以智能终端为入口、以视觉听觉为主要感知手段的平面状态,而是能通过人机结合、数字交互的方式,使人们进入全身心沉浸、交互的三维世界,实现现实世界与虚拟世界的可持续联通。在这一世界中,人们不但能够复制全景的实体世界,而且有可能实现意识与躯体的独立,自由地往复穿梭于两个世界之间,在数字世界中体验真实,在物理世界中感受虚实融合。由此也会演变出更丰富的虚拟资源形态和更加多样的合作、分工、交易模式,元宇宙中可开发利用的资源将是实体世界的若干倍,人类认识和活动的疆域由此得到大大扩展。而在传统文化和元宇宙文化的相互渗透融合中,人类文明也会再次重塑。

在始于 15 世纪的大航海时代,人类通过新航路的开辟,极大地扩展了已知世界的范围,第一次建立起跨越大陆和海洋的全球性联系,使世界开始连为一个整体。而未来,元宇宙或许会开启一个新的大航海时代,人类将在虚拟世界这片新大陆上开疆拓土。

连接现实与元宇宙的 NFT

随着新一轮以 5G、VR、AR、物联网、区块链、数字孪生等为代表的前沿技术的发展，原生于数字世界的数据、资产甚至是艺术品开始崭露头角，NFT 逐渐进入了人们的视野中。

NFT 是存储于区块链上的、用于表示数字资产的唯一加密货币令牌，可以买卖。说到区块链，人们可能第一个想起的就是比特币，NFT 也是一种加密货币。与比特币不同的是，NFT 是独特且唯一的，而比特币是同质化的，每个比特币没有区别，可以进行互换和分割，其属性是稀缺可互换，但不唯一，而 NFT 具有唯一性，是不可互换的。

正因为独特且唯一的特性，NFT 可以用来代表独一无二的东西，比如传统的艺术作品。传统的艺术作品如一幅画、一首歌、一部影片、一张照片，都是有价值的，因为它们是独一无二的。但如果这些艺术作品被制成数字文件，就会被大量复制，而有了 NFT，它们就能被"标记化"。各种有形或无形物转换为 NFT，就获得了可以买卖的数字所有权证书，基于区块链的特性，NFT 所有人专有的权利就能被识别。

现在，已经有越来越多的东西被锻造成了 NFT，比如乔布斯 18 岁时手写的"工作申请"、著名球星在 NBA 赛场上逆转局面的进球、微信或 QQ 头像、土地、房产、万维网源代码、获得诺贝尔奖的论文以及《时代》周刊封面等，而且价格都堪称天价。数字视觉艺术家迈克·温克尔曼（又名 Beeple）的一套作品《每一天：前 5000 天》（Everyday: The First 5000 Days），以 NFT 的方式在佳士得拍出了 6935 万美元的天价。推特前 CEO 杰克·多西（Jack Dorsey）发布的一条仅由五个字组成的"世界上第一条推特"被拍出 290 万美元。

NFT 构建了实体物品与虚拟物品之间的映射，使得虚拟物品成为具有高流动性的商品，成为可视化资产。它还能把互联网上的数据内容通过链接进行链上映射，使 NFT 成为数据内容的资产性实体，从而实现数据内容的价值流转。通过映射，数字资产、游戏装备、装饰、土地产权都有了交易实体。传统的虚拟商品交易方式也因此发生了变化，有了 NFT，用户可以直接生产和交易虚拟商品，就如同在现实世界中的交易买卖一般。NFT 使用户可以脱离游戏平台，自由交易虚拟资产。

NFT 是元宇宙的重要基础设施，通过映射虚拟物品，NFT 为元宇宙中的原生资产提供了一种载体。如同我们现实中使用的钥匙一般，在元宇宙中，NFT 就是一种数据化的钥匙。人们能够通过程序识别 NFT 来确认用户的权限，这将实现虚拟世界权力的去中心化转移，无需第三方登记机构就可以进行虚拟产权的交易，大大提高了数据资产交易流转的效率。这种特点可以让云宇宙中的任何权利轻松实现金融化，比如访问权、查看权、审批权、建设权等，实现这些权利的流转、租用和交易。

NFT 是连接现实与元宇宙的一座桥，随着 NFT 的深入发展，现实世界与元宇宙虚拟世界之间的连接将会变得更加紧密，人类甚至可以在区块链的世界里创造一个真正的平行世界。

在瞬息万变的数字时代，我们永远无法想象数字经济会带来什么样的未来。我们要做的，是改变认知，拥抱数字化浪潮，拥抱进化，拥抱未来。

重构企业价值的数字化转型

　　从数学到数据科学的认知颠覆对人类社会的方方面面都产生了深远的影响，而其中，受影响最深的莫过于企业。随着数据价值的深度挖掘以及数据资源的广泛应用，企业的业务流程、管理决策、组织模式以及产业链协同方式都发生了质的改变。对企业来说，数字化转型已经不是"要不要做"的问题，而是唯一的出路。尽管"不转型就会死"已经成为很多企业的共识，但仍有很多人对"如何转型"非常迷茫，不能为企业找到明确的方向。

　　实际上，数字化转型的过程，是对商业模式和企业价值的重构，是企业竞争力——从把握客户需求到产品研发、从品牌打造到供应链管理、从内部管理决策到外部产业链互动等多种能力的提升。而为了实现这些目标，有四条可行的路径：资产数字化、产业数联、决策数智化和组织无边界化。这四者是紧密相连、相辅相成甚至互为因果的。

　　九层之台，起于累土。在数字化转型的过程中，唯有循序渐进，利用行之有效的转型方法论，不断地进行自我升级，企业才能真正在数字经济发展中获得发展机遇，成为适应数字社会的数字化企业。

数字化转型是企业的自我颠覆

拒绝数字化的企业没有未来

一次，在与江南造船集团董事长林鸥交流的过程中，他提出了一些关于企业数字化转型的见解，令我受益匪浅。其中，他的一句话尤其使我深有同感："企业不进行数字化转型必死。"

在技术变化周期与数字经济的浪潮中，数字化是企业转型升级的必然方向，这是从很多企业的失败案例中总结出来的深刻教训，比如曾经创造了百年基业却被时代抛弃的柯达。

2012 年 1 月，柯达正式申请破产保护。这家诞生于 1880 年、拥有一百多年辉煌历史的公司，是胶卷时代的开创者，也曾是世界上最大的影像产品及相关服务的生产和供应商，以及当之无愧的影像巨头。然而，这个时代巨人，终究没能拥抱数字化的浪潮，沉重地倒了下去。

21 世纪初期，随着数字技术的快速发展，一场史无前例的数码风暴席卷了整个传统影像业，对传统影像业务的上下游产业造成了强烈的冲击。全球数码市场开始高速增长，而胶卷相机在市场上的占有率以令人震惊的速度下滑。虽然柯达的管理者们从 1998 年开始就已经切身感受到了传统胶卷业务萎缩之痛，却没有认识到数码技术的快速发展将会给产业带来怎样的影响，一直不敢大力发展数码业务，更未及时进行战略转型。2002 年柯达的产品数字化率只有 25% 左右，而其竞争对手富士胶片的数字化率已经达到了 60%。

直到 2003 年，柯达的管理者才恍然醒悟过来，将发展重心从胶卷业务上转到数码业务上。第二年，柯达推出了六款数码相机，并收购了大量的数字技术公司，然而，这些举措并不能帮助柯达挽回业务萎缩的颓势。作为数码时代的迟到者，柯达已无法与索尼、佳能、尼康等行业巨头抗衡，只能在夹缝中艰难地维持着一线生机。到 2012 年，连年亏损的柯达终于走上了穷途末路。

数码影像技术推倒了柯达的商业帝国，然而戏剧化的是，其发明者正是柯达。事实上，在数码摄影方面，柯达一直拥有极强的技术实力。早在 1975 年，柯达的工程师就发明了世界上第一台数码相机，并将其用于航天领域。1991 年，柯达研发出专业级数码相机，像素高达 130 万。1995 年，柯达发布首款傻瓜型数码相机，深受非专业摄影者的追捧。在柯达所拥有的超过 10 000 项专利中，有 1100 项与数码摄影有关，远超其他任何一个同行。"成也萧何，败也萧何"，何其令人唏嘘。

你不主动颠覆自己，别人就会颠覆你，这是柯达陨落带给我们的教训。其实，不只柯达，诺基亚、黑莓等行业巨擘之所以黯然败退，都是因为没有拥抱商业的大潮，没有及时进行数字化转型。

所有的企业都渴望基业长青，但企业的生死存亡却充满了不确定性。不过，有一点是可以确定的：时代会抛弃一切落伍者，只有能看清时代大势，把握时代机遇，应时而动、顺势而为的企业，才不会成为时代的弃儿。正如企业家张瑞敏所说："没有成功的企业，只有时代的企业。"

"存活下来的物种不是最强壮的，也不是最聪明的，而是最能适应变化的。"达尔文的"适者生存"理论在任何一个时代都适用。如今，物联网、云计算、大数据、数字孪生等数字技术浪潮已经席卷所有行业，在这个时代，企业要么在故步自封、抱残守缺中消亡，要么拥抱数字化，利用数字化实现内外部的升级转型。

未来所有企业都是数字化企业

如今，谈到企业发展时，我们通常会把企业分为传统企业和互联网企业。随着数字化的不断深入发展，未来所有的企业都将是数字化企业，无论它处于哪个行业，经营哪些业务，是万亿级"巨无霸"还是小微企业。在数字时代，不能完成数字化转型的企业是没有生存空间的，就像马车无法与高铁竞争一样。

这个转变，源于数字化对商业逻辑的重构。

为什么说数字化重构了商业逻辑？在讨论这个问题之前，我们首先需要厘清两个概念——信息化与数字化。江南造船集团董事长林鸥提出了一个观点：数字化转型是一个业务问题，而不是信息技术问题。企业要进行的是数字化，不是信息化。的确，信息化与数字化是截然不同的。

信息化是将物理世界的信息比如线下的业务流程迁移到线上，被计算机所存储和识别，并通过各种 IT 系统如 OA（办公自动化）系统、ERP 系统、CRM（客户关系管理）系统等对业务流程进行优化，然后固化、自动化并提供业务决策支持。它不改变现实业务的逻辑，只是提高了效率，而数据只是信息系统的副产品。

但数字化却不同，借用《华为行业数字化转型方法论白皮书（2019）》给出的定义，数字化是利用云计算、大数据、物联网、人工智能等新一代数字技术，构建一个全感知、全连接、全场景、全智能的数字世界，在实现数字世界对物理世界精准映射的基础上，优化再造物理世界的业务，对传统管理模式、业务模式、商业模式进行创新和重塑，实现业务成功。可见，数据是企业发展和运营的核心。

企业信息化的概念从 20 世纪 60 年代被提出来以后，历经了 60 年左右的发展。为什么今天我们已经不再强调信息化，而是提出了企业数字化的概念？

一直以来，整个信息技术都处于不断被颠覆的状态，从简单的流程电子化处理，到企业在结构化数据基础上的流程智能化，到多个系统的、基于网络计算的网络化流程系统，到基于互联网的互联互通、打通上下游的系统，再到基于大数据管理的企业系统优化，新的技术总在颠覆旧的技术。伴随着计算体系架构从单一计算到网络计算、云计算，企业正在形成基于数据和现实的二元体系或多元体系。正如"人"可以简单理解为三元体系——以心脏和血管为核心的能量体系、以骨骼和肌肉为载体的运动体系与以神经和大脑组成的智慧体系，企业的二元体系就是以云和智能终端构成的智慧体系或数字化体系，以及以运动和能量为核心的物理体系。

由于云的出现，企业的两个体系进入了无限接近的状态。人作为有机体，是多元系统最有效的连接和融合。同样，数字化技术的不断进化，促进了数据体系和物理体系更有效地连接和融合，这就为企业数字化的进化创造了条件。而云原生和数字原生对复杂系统的解析与再造，也为企业数字化创造了前所未有的条件。

在这个基础上，数字化取代了信息化，因为信息化只是赋能的工具，而数字化却是把数字资产拿出来共享，企业的核心资产经过数字化可以实现共享开放，形成新的价值流通网络。

这种全新的商业逻辑将会引发一场前所未有的商业革命，使商业打法发生根本性的改变。

1. 数字化改变了企业与消费者的关系

"顾客就是上帝""客户至上"的口号我们喊了很多年，然而，由于信息不对称的存在，消费者的心智很容易被蒙蔽。在企业与消费者的关系中，企业通过精心的品牌塑造、无孔不入的广告宣传占据了主导权，左右着消费者的选择。但在数字时代，一切都被数据化，信息高度流通，一个差评就可以让企业投入巨资投放的广告付之东流，让企业花费数年经营的品牌形象崩塌。于是，"以客户为中心"的理念在当今比在以往任何时代都要重要。大数据的应用也使得企业可以精准地描绘客户画像，以客户为起点来进行产品或服务的设计，实现个性化、定制化，使产品与客户需求高度匹配，并实时更新、快速迭代。

2. 数字化使商业摆脱了对渠道的依赖

在数字时代之前，商业对空间渠道有着高度依赖，而数字化使商业可以完全在虚拟世界中进行，企业之间的竞争由争夺空间转变为争夺消费者的时间。相较之下，因为有数字化赋能线上平台，线下零售可谓不堪一击。

3. 数字化使企业开始生态化运营

数字时代，人与人之间、人与产品之间、产品与产品之间的"连接"

方式都发生了改变，万物皆可互联。举个例子，传统的插座，只能用于为电器供电，功能非常单一。但物联网时代的智能插座，可以与其他设备互联互通，消费者只要在 App 上点击一下，就可以掌控家中所有的电器，可以打开空调，可以播放音乐，还可以开启电视。这时，你的生活会发生什么变化？当你在购买家电的时候，你一定会优先考虑同品牌的产品，你的生活甚至可能会被这个品牌垄断。

正因为如此，现在小米、华为等企业都在进行生态化运营。它们将产业链上下游的相关企业都纳入自己的阵营，建立起庞大的生态帝国，从手机、智能穿戴设备、家居产品到新能源汽车，全方位地占领人们的生活。

弱者越弱、强者越强，在未来的商业世界里，马太效应一定会越来越明显。

过去的企业变革，从今天的视角来看，不过是量变的积累。数字时代，企业发生的是质的改变，通过数字化转型，企业可以上升到更高的维度，在市场竞争中实现降维打击。

这已经成为现实：在交通行业，网约车改变了传统的打车方式；在零售行业，直播带货成为新的购物模式，就连曾经颠覆传统线下零售业的京东、淘宝也几乎被其颠覆；在金融行业，银行通过构建一系列的数字平台，实现了从一家金融服务企业到集金融服务、生活服务、出行服务于一体的金融生态平台企业；在最为传统的农业领域，也有企业通过对土壤、种子、气候的数据分析来进行高效化生产，最大限度地优化农业投入，提高产出效益。

在第二次工业革命爆发以前，人们无法理解电力技术的应用将会给世界带来怎样的改变。在信息革命之前，人们无法理解计算机、互联网将会如何深刻地影响人类社会。如今，数字化的潜能，也是我们远远想象不到的，它所带来的变化，也必然超出我们的预期。把握数字化带来的机遇，加速数字化转型，捕获新的市场机会，尝试新的商业模式，在商业市场中提前占位，正是企业通往未来的路径。

数字化转型是一项整体战略

如今，摆在我们面前的选择题已经不再是要不要进行数字化转型，而是怎么做数字化转型。

对于数字化转型，这些年来，各行各业都在讨论，我经常听到一种声音："数字化转型很难。"虽然很多企业管理者都已经意识到数字化转型这件事很重要，但对如何转型却感觉非常模糊和迷茫，不知道该从何做起。

其实，国内企业要实现数字化转型，面临着三大挑战。

一是观念转变的挑战。以大数据为例，市场上做了很多通俗化的解读，但这些解读并不准确，反而会误导企业。所以，只有能够更客观地认知什么是云、大数据、人工智能，才能更好地应用它们，并获得更好的帮助。其次，数字化转型一定要和传统行业融合才有价值。要真正形成国家竞争力，还需要经历长时间的积累。

二是人才的挑战。在数字化转型的过程中，企业需要很多具有数字化思维的人才来助力转型的落地和推广，但就目前而言，这样的人才还是比较稀缺的，这会阻挠企业的发展。

三是企业自身创新能力的挑战。数字经济更强调差异化竞争，因此，善于利用数字技术来实现企业的个性化竞争，是非常重要的。但是如果企业本身就缺乏创新能力，则很难实现数字化转型。

只有在这三个方面突破、创新，企业的数字化转型才能成功，我们国家也才会因此从一个技术大国转化成一个技术强国。

在过去的十几年中，神州数码为中国各行业提供了多样化的信息化服务，从传统的数据网络到今天的云、数据模型、人工智能以及超算中心，丰富的解决方案从各个维度满足了客户的需求。可以说，在数字化转型方面，我们积累了一些经验。我一直有一个想法，就是将我们在数字化转型实践中积累的这些经验心得以及国内外企业进行数字化转型的经验教训进行总结，形成一套系统化的、可执行的数字化转型体系，分享给处于困惑中的企业管理者，与更多的企业一起携手共创数字化未来。

在我看来，要把握数字化转型这条企业通往未来的途径，必须在纷繁复杂的表象中抓住主线和本质。

从本质上来看，数字化是将数字技术不断地渗透进企业的业务流程乃至产业链的每一个环节，实现物理世界与数字世界的映射和交互，将"数据＋算法"融入组织管理的全生命周期，形成一个闭环，帮助组织提高效率与效能，从而实现企业竞争力的重构。

从这个角度来看，数字化转型远不是拥抱并应用数字技术那么简单，也不仅仅是对设备和系统进行数字化改造，而是需要企业全力以赴的一项整体战略。

在这项整体战略中，企业的关注点不应只放在数字技术的应用与变革上，更要放在思维方式的转变和企业数字文化的构建上，给企业注入数字化基因。我们应充分认识到，数字化为新的商业模式和消费模式的诞生提供了源头活水，为企业进行生产、销售、服务、创新、管理提供了新的途径，促使企业的生产方式、组织架构和商业模式发生深刻变革。在工业时代，我们看一个企业的实力有多强，看的是它的规模，因为企业越大，劳动力、资金、资源就越多，就越有可能生产更多的产品，在更大的范围内分发销售，并对业务合作伙伴和用户产生更大的影响力。到了数字时代，对于企业来说，规模已不再是一个显著的优势，更重要的是思维方式的转变甚至颠覆，以及利用数字化工具来放大员工的能力，并从数字化角度来分析和挖掘企业发展的新模式、新价值、新商机，来驱动效率提升、产品增值、流程再造、生态构建等。

在这一思维的引导下，企业要以用户为中心，变业务驱动为数据驱动，构建贯通全生命周期、全价值链的产品数据链路，实现产品与业务的深度融合，改善用户体验和提升企业运营效率，帮助企业实现业务模式和商业模式的创新，开拓新的市场机遇。

资产数字化、产业数联、决策数智化和企业无边界是企业数字化转型的四个核心方向，如图 3-1 所示。

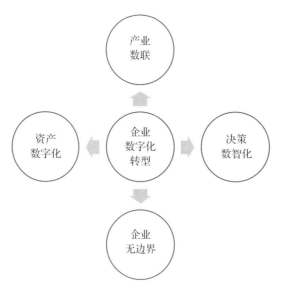

图 3-1　企业数字化转型的四个核心方向

在资产数字化方面，对企业的核心资产进行数字化，是数字化转型的关键。

在产业数联方面，企业能否在竞争中脱颖而出，赢得竞争优势，取决于组织能力，而社交化、网络化的平台是数字经济时代组织能力的一个标志。

在决策数智化方面，通过数字化构建企业大脑，实现智能决策，有效提升决策效率。

在企业无边界方面，员工人数、营收规模不再成为企业的边界定义，当企业实现无边界后，其自身价值将得到极大的放大。

完成这四个方向的数字化后，企业可以建立 IT 生态、信创○生态、云生态、开源生态，搭建起基于云原生的创新平台和数据中台，并在此基础上，通过传统应用、云原生应用、SaaS（Software as a Service，软件即服务）应用等来获得泛在的敏捷业务能力，通过数据汇聚、数据融合、数据资产化、数据治理等获得融合的数字驱动能力，从而实现业务场景的跨界融合。这就是我们提出的企业数字化转型战略愿景，如图 3-2 所示。

数字化正在重塑商业世界，数字化会引发所有行业的彻底转型，数字化关乎企业的生死。我们要坚定不移地持续推动数字化转型，用数字技术赋能整个企业，使企业持续迭代且自我颠覆，使企业不仅赢在现在，更赢在未来。

当社会上的大多数企业完成了数字化转型后，我们才能说数字化社会真正来临。

――――――――――

○ "信息化应用创新" 的简称。

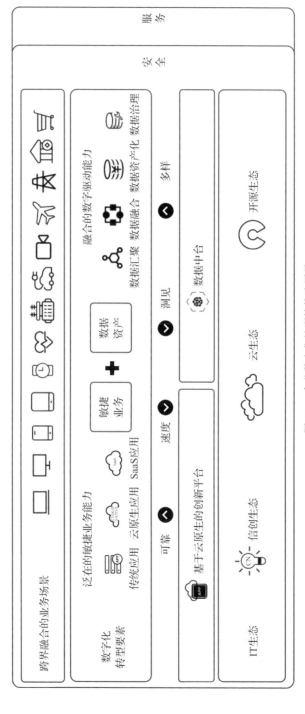

图 3-2　企业数字化转型的战略愿景

一切资产都可数字化

以资产数字化赋能资产

我们常说未来已来，但现实是，现在有很多企业所处的发展阶段是"过去未去，未来已来"，它们受到了两面夹击：一方面受到传统的甚至有些过时的业务的拖累，另一方面不得不面临新技术、新事物的冲击。因此，这些企业迫切地希望通过数字化转型来破局，使企业在日益激烈的市场环境中获得核心竞争力和可持续增长能力。要想实现企业数字化转型，关键在于资产数字化。

资产数字化是企业数字化转型的核心内容，是企业一切数字化、智能化的必要步骤和前提条件，实现资产数字化，可以全面支撑、推进企业的数字化转型。

什么是资产数字化？资产数字化就是将物理世界中的实体资产转化为数字形式，映射至虚拟世界，转化为数字化资产。

资产数字化并没有使资产价值的原有实现形式发生变化，它的存在依赖于物理世界的既有资产。将实体企业基于真实交易产生的各类资产映射到虚拟世界之后，信用关系的存在形式发生了转变，但资产的内在价值和使用价值仍然保持不变。因为实现了实体资产与数字化资产的一对一锚定，数字化资产在虚拟世界流通时也具备在线下流通时的各种属性，比如流转、权属等，所以价值交换过程得到了改善，交易更加便利。

通过资产数字化，资产管理也变得更加智能化、高效化、精益化。资产数字化后，资产管理的各个环节被打通，管理者可以实时掌握资产动态信息，实现资产全生命周期管理和精细化经营，资产运用与监管的安全性、针对性、及时性和有效性都得到了大幅度提高，企业在存量时代将拥有更大的竞争优势。

我与江南造船集团董事长林鸥交流时，他讲了江南造船集团在资产数字化方面的探索和实践，让我看到了一个企业数字化转型的范本。

众所周知，造船业是一个跨越数个世纪的古老行业，传统的造船工艺非常繁复，有很多环节，且各个环节之间的沟通与协作非常困难。比如，在设计阶段，设计师运用三维建模形成设计方案，然而，给船厂的却是平面图纸。开工前，船厂根据图纸进行生产设计，规划"如何造船"以及"如何组织造船"，在这个过程中，二维的平面设计图又转变为三维模型。最后，到了生产一线，还需要再进行一次"三（维）转二（维）"，因为工人是按照图纸来生产制造的。不仅生产制造环节如此，在新船交付客户时，向客户提供的通常也是纸质说明书，哪怕说明书多得能装满一辆卡车。

从三维到二维再到三维的不断转换，从本质上来说是用低效的手段、高额的成本将烦琐而复杂的造船产业链串联起来。这不仅降低了造船效率，还增加了很多重复劳动，也使得设计、生产、售后等各个环节因为沟通不畅、"语言"不统一而难以实现数据的贯通和赋能。

痛定思痛，江南造船集团决定彻底改变这种低效的方式，推进基于"单一数字模型"的数字造船，也就是在一个平台、一个系统里打造数字造船的底座，实现人、流程、信息的高度耦合。

2019 年，江南造船集团制造的"海巡 160"轮，是世界上第一艘无纸化建造的大型航标船。这艘船从设计到建造都立足于同一个数字化平台和底座，前一个环节的任何变化，都会即时反馈到后一个环节，成为后一个环节再加工的基础。一环扣一环，一个步骤接一个步骤，所有参与造船的人都在一个数字模型上添砖加瓦，实现了边设计、边建造、边体验。而到了制造环节，数字平台可以方便地给出三维的"数字化图纸"，让工人能通过车间中带有触摸大屏的智能终端进行查看，这使得制造过程更高效、更规范。

通过数字造船，江南造船集团不但缩短了各环节信息传递和技术沟通的时间，降低了运营成本，还实现了产业链上下游的互联互通，与合作伙伴一起实现共赢。在这个过程中，江南造船集团还积累了丰富的数字化资产。

江南造船集团是中国船舶工业的龙头，它在数字化方面持续投入和不断创新，可以说是在代表行业、代表整个制造业摸索合适的数字化转型模式。对于其他同样希望通过数字化实现再造的传统制造企业，江南造船集团是一个值得学习的标杆。

江南造船集团的数字造船让我看到了资产数字化对商业模式的重构，它能够全方位、多层次地解决企业运行各环节的问题，同时满足企业在生产制造、市场拓展、品牌打造等多方面的核心需求，实现良性循环。

比如，在生产销售环节，通过资产数字化，企业可以提前销售与实物一对一锚定的数字资产，从而将用户锁定，以产定销，降低生产成本。

在运营管理环节，成本会大幅度降低，跨部门沟通也不再成为难题。

在品牌构建环节，借助区块链"公开、透明、可追溯"的特性，企业的信用级别和影响力会大大提高，品牌美誉度也会因此提高。

在资金流管理环节，消费者可以预先购买相应的数字资产，这使企业得以提前回笼资金，加速资金流转，从而有更充足的资金投入再生产。

在资产掌控环节，可以真正实现资产由企业自己掌管，而不必依赖第三方。

这或许是资产数字化的最大价值：通过重构商业模式，有效地解决企业整体的结构性和系统性问题，帮助企业实现良性循环发展。

实现良性循环发展的企业可以创造新的客户体验、新的价值、新的生态，因此，率先实现资产数字化的企业有可能成为新物种，淘汰那些传统的、故步自封的企业。这种进化是非常残酷的，也是无法阻挡的。

从"学不会"到"学得会"

在企业的所有资产中，最应该被数字化的是核心资产。

有本畅销多年的书叫《海底捞你学不会》，说的是别人学不会的这部分能力造就了海底捞的核心竞争力，让海底捞在餐饮行业里崛起。现在我们也可以说，企业的核心资产就是其他企业学不会、抢不走、买不到的部分。它可能是物质资产，也可能是精神资产，它能为企业创造持续的竞争优势，使企业形成稳定的市场开拓、产品开发和盈利能力以及先进有效的运行机制，是企业所有资产中最值钱、最宝贵的资产。

客户为什么选择你的企业而不是其他企业？就是因为你的核心资产是其他企业所不具备的。只有将企业的核心资产数字化，企业的资产数字化才能真正实现。

我们之所以将核心资产数字化，恰恰是为了让别人"学得会"。因为数字化资产只有流通起来，实现共享，才能发挥最大效能。

流通，是现代经济发展的首要条件，流通创造价值。纵观人类文明发展史，自石器时代开始，流通就伴随而生。我们脚下的路，从无到有、从陆地到海洋、从天空到太空，始终在为流通而生。无论是贯通东西的丝绸之路，还是跨越时差的航路，以及网罗天下、无处不在的网络，都在创造各种各样的连接，促进流通，推动经济的发展。在数字时代，流通也是非常重要的，是构建新的价值网络的重中之重。

近些年来火热的美团等企业，都离不开资产流通、共享。而让资产流通最快捷的方式毫无疑问就是资产数字化。通过资产数字化，可以促进资产的不断流通，实现裂变式发展。而企业将核心资产拿出来共享，这些核心资产经过资产数字化实现开放、共享，就会形成新的价值流通网络。

亚马逊为什么能崛起？正是因为其将核心资产数字化，并通过以共享为前提的输出形成了新的价值流通网络。

2002 年，蒂姆・奥莱利（Tim O'Reilly）走进了亚马逊总裁贝佐斯的办公室，这次简短的会面，改变了亚马逊的命运，也改变了人类对数据和资产的认知。

蒂姆・奥莱利是互联网的先驱，他提出并推广了"Web 2.0"的概念。他认为亚马逊是一个过于孤立的网站，想寻求与亚马逊的合作，希望亚马逊能把图书的销售数据开放出来，让出版商们能跟踪到买书的趋势并由此决定以后出版什么。但当时贝佐斯并没有意识到数据是亚马逊的核心资产，更没有看到向外提供这样的数据服务对亚马逊有什么好处，所以对这个提议，他一开始没有给予足够的重视。

但紧接着，奥莱利向贝佐斯展示了他们开发的一个复杂的工具——Amarank，这个工具可以使奥莱利每隔几个小时就在亚马逊网站上抓取到自己公司出版的书籍及竞争对手的书籍排名。以我们现在的视角来看，这样的爬虫工具并不难写，然而，在2002年，这样的数据只能用屏幕抓取的原始技术来完成。奥莱利建议贝佐斯应该开发一系列被称为应用程序编程接口或者叫作APIs的在线工具，这样第三方可以很容易地获取到产品的价格和销售排行的数据。

贝佐斯终于被说服了。他带着网络开放的新观念，在内部宣扬公司应该做开发者也能使用的工具，"让他们给我们带来惊喜"。当年春天，亚马逊还举办了第一次开发者大会，亚马逊邀请到了当时很多重量级的IT人士，大会圆满成功。会上，亚马逊还发布了自己的API接口，并给这个服务取了个名字——亚马逊网络服务（Amazon Web Services，AWS），这项服务就是亚马逊的云计算服务。

在核心资产数字化这条路上，亚马逊一直在继续探索。比如，亚马逊在品牌备案的账号上增加了"Amazon Attribution"的功能，简化了卖家通过谷歌或者YouTube广告推广亚马逊产品、判断广告效果的过程和整个布局。以往，卖家都是采用三次漏斗的方法检验和判断某一组广告应该留下来继续投放还是放弃，有了"Amazon Attribution"这个功能后，不用绕弯子，直接利用特殊链接投放广告并获得数据，进而重新布局各个平台的广告活动。卖家利用这个功能可以跟踪除亚马逊平台外发生的一切销售活动记录，便于检测页面流量、点击量和销售等情况。

亚马逊很好地延展了数字化资产存在的价值。亚马逊的核心资产正是它的海量数据，而通过AWS云平台，亚马逊将这些数据开放出来供合作伙伴使用，使其逐渐变成生意的一部分，并从此开启了品牌化道路。

核心资产数字化为亚马逊带来了巨大的收益。2020 年亚马逊集团营收达到 3860 亿美元，净利润为 213 亿美元；AWS 云计算业务营收达到 453 亿美元，净利润为 135 亿美元，虽然 AWS 云计算业务营收仅占集团的 11%，但是贡献了 60% 多的集团利润。这也正是为什么贝佐斯对外界宣称亚马逊不是一家电商公司，而是一家以技术驱动的高科技公司。

利用核心资产数字化来实现数字化转型的还有华尔街知名投行高盛。

高盛一直是全球交易最赚钱的机构之一，多年以来，高盛交易员凭借一款神秘的交易利器，每年为公司赚取 10 亿美元利润，且能够避免数十亿美元的亏损。这款神秘的赚钱利器就是高盛的自营交易引擎 SecDB。SecDB 是一个数据库平台，它不仅使高盛的交易员成为华尔街最聪明的交易员，还帮助高盛比竞争对手更好地度过了 2008 年金融危机。

随着数字技术的发展，高盛决定进行数字化转型，它的一项重要举措就是开源曾经被严格保密的技术。高盛开放了数百个 API，允许用户直接与 SecDB 进行交互，实现数据提取、定价引擎和其他功能。这使得用户可以利用高盛的历史数据来判断一个交易策略是否真正能够赚钱，并组装定制一揽子证券以对冲其投资组合。大部分的 API 将在开发者合作网站 GitHub 上提供。除此之外，高盛每年还为其提供 10 万美元的年度资金，资助工程师开发使用其代码构建的应用，但高盛将拥有由此产生的知识产权。这使得高盛从封闭走向开放，也使高盛的核心资产从私有变为公有，不仅在企业内部产生价值，还在企业外部实现了共享。而这些数据资产的流通将为高盛带来更大的价值。

　　高盛的竞争对手看到了将核心资产数字化的巨大好处，也在高盛之后开始了这方面的探索，比如摩根大通也开始允许用户使用"雅典娜"的一些功能。"雅典娜"是摩根大通的交易引擎，也是 20 世纪 90 年代设计 SecDB 的一些工程师设计的。

　　将企业核心资产数字化，可以有效地促使数字化资产流动、融合起来，使数据的开放、共享和交易成为现实，让数字化资产充分发挥其作用。

　　建立共享而不是独占的数字化资产，是企业数字化转型的重要标志。而这种共享也会反哺企业，让企业在资产数字化的过程中提高创新能力，获得更强的核心竞争力。

产业数联，共生共赢

产业数联使产业链共繁荣

　　资产数字化带来了客户需求、技术研发、商业模式、资产管理等多方面的变化，并由此催生了价值网络的变革，在新价值网络的基础上，企业内外部的连接、协同与组织的方式都发生了根本性的变化。其中，企业外部组织方式的变化体现为产业数联。

　　随着数字技术的发展，我们已经进入移动互联的社交化时代。所谓社交化，是指随着社交网络、社交媒体、社交营销等的迅速兴起，基于网络的社交行为已经深深根植于人类的任何活动之中，它将会深刻地改变人们的生产关系和生活方式，也会改变企业发展和产业发展。

　　基于数据的打通，企业实现了组织的社交化与网络化，这使企业中的每个人都能更有效地与他人联系并分享资源、信息、技能和知识，也使企业能够与客户、产业链上下游的合作伙伴以及其他利益相关者连接与沟通。比如，企业可以利用社交化服务平台建立起企业、客户及终端消费者的数字化互动生态，及时获取客户的数据和反馈，从而能更好地指导产品的设计。如果没有和客户互动的社区、数据、生态反馈，那么企业的产品设计就是"盲人摸象"；而有了客户数据的运营分析，产品设计就能做到真正"有的放矢"。

这种基于数字化的企业外部组织方式带来了产业数联的协同效应，使企业与外部各个共生伙伴的合作方式从原来的线性、树状的平面结构转化为网状的立体结构，共享和互动变成一件非常容易的事情，由此推动了产业链的重构与价值提升。

产业数联方面的一个经典案例是罗尔斯·罗伊斯公司。罗尔斯·罗伊斯公司为全球 35 种不同的商用客机提供动力，其生产的发动机在全球范围内使用超过 13 000 台，是一家在航空业家喻户晓的公司，其 2020 年的营收超过 200 亿英镑。罗尔斯·罗伊斯公司卖发动机产品给航空公司，但航行数据在航空公司，没有数据，发动机产品很难进步。为此，罗尔斯·罗伊斯公司将自己定位为"客户运营商"或"客户数据运营商"，利用社交化来获得客户数据，借助客户数据来完善发动机产品，给客户提供更好的产品，使双方受益。

罗尔斯·罗伊斯公司从客户那里实时收集发动机数据，并在"云"上模拟其性能，目的是减少飞机不必要的维护和计划外停飞时间。为了处理大量数据，罗尔斯·罗伊斯公司专门创建了一个新平台，这个平台可以在征得航空公司客户的同意后，收集相关数据到微软公司的 Azure 数据云中，然后将其转换至

Databricks 公司的 Lakehouse 平台，并使用 Databricks 公司提供的机器学习和 AI 工具进行分析。这为航班延误和取消率的变革性改善提供了支撑，飞机调度的可靠性也因此得到提升，最终受益的是客户。

通过产业数联，罗尔斯·罗伊斯公司打通了自己与客户之间的连接通道，将发动机的制造和服务与客户的感受连接在一起，不断完善自己的产品和服务，由此获得了越来越多的商业机会。

产业数联打造了产业链协同的生态体系，并且通过三个要素为企业赋能，如图 3-3 所示。

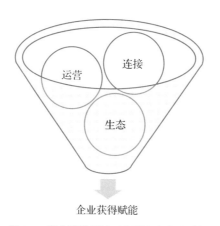

图 3-3　产业数联通过三个要素为企业赋能

第一个要素是连接。企业通过互联网实现了更为广泛的商业连接，这种连接不再局限于企业内部员工和业务，还扩展到产业链伙伴、企业客户、经销商。连接的商业价值体现在所有部门、员工、产业链伙伴都可以为客户提供服务，真正通过数字技术构建了以客户为中心的经营模式，实现企业转型。

第二个要素是运营。企业通过数据驱动业务运营及流程。数据不再局限于企业内部的结构化交易数据、预测数据，还源于市场、客户、员工。这些数据包括精准的行业及市场资讯、客户行为数据、销售行为数据。企业力求获取更加广泛的市场情报、客户反馈、业务沟通信息，从而做出精准决策，推动业务运营，并在执行过程中有效规避风险。

第三个要素是生态。企业与其业务伙伴的协作不再局限于业务处理，也不再局限于单向的信息传递，而是更加关注以客户经营及客户服务为核心的沟通、互动和过程管理，构建全新的业务生态。通过产业数联，企业将分布在线下及线上的业务沟通和业务处理聚合，将分散在多个业务系统的数据按照角色和业务需要聚合，从而使业务处理效率及协作服务水平成倍提升。

值得注意的是，产业数联不可能一蹴而就，需要产业链上的每一个企业实现内部各环节数字化，再将产业链上的企业与企业进行数字化连接。产业数联往往最先发生在产业链局部，然后逐渐向全产业链延伸。

中台是企业数字化的中枢

产业数联要求企业整合内外部的更多资源，更好地应对快速变化的前端业务，以更快的速度响应市场需求，更高效地与产业链上下游协同。而中台恰好能满足这些需求。

"中台"这个概念来源于美军的作战体系。在一线战场上，美军通过高效、灵活、统一的后方系统，支持前端的机动部队，提高作战效率，减少冗余投入。后来，阿里巴巴将其发扬光大，并在 2015 年提出了"大中台、小前台"战略。阿里巴巴中台战略的灵感来源于芬兰的一家公司

Supercell，这家公司只有 300 名员工，却接连推出爆款游戏，是全球最会赚钱的明星游戏公司之一。Supercell 开创了中台的玩法，并将其运用到了极致。这家看似不大的公司，设置了一个强大的中台，用以支持众多的小团队进行游戏研发。这样一来，各个团队就可以专心创新，不用担心基础却又至关重要的技术支撑问题。

今天很多人都在谈中台，但大家的理解各不相同。尽管比喻是一种蹩脚的解释，但我们为了理解一件事情还是不得不借用比喻。

尽管早在 20 世纪 70 年代荷兰足球大师克鲁伊夫就已经开始倡导全攻全守的足球打法，并取得了不错的成绩，但这种打法并没有很快流行起来。直到西班牙在世界杯和欧洲杯接连夺冠后，这种打法才引起了人们的关注。这种打法的关键就在中场，中场不仅是连接，更是指挥中心，是整个球队的灵魂。西班牙主场中场，全面展示了现代足球的风采，其战略贯彻的准确性、节奏的快速性以及球员个人才华的展现都令人惊叹，更使比赛的竞争性和观赏性达到了前所未有的高峰。

企业的中台，就如同足球比赛中的中场。如何将企业的"发动机"从前场转至中场，如何把企业的风险控制放到事中甚至事前而不是事后，就在于使企业的核心能力在中台实现一体化的管理。

数字技术为企业的中台建设创造了条件。基于流程的数字化，使企业能够实现所有管理环节的可视化和智能化。大数据技术能使我们不断洞察企业的核心竞争力，洞察企业整个产业价值链的变化及其所带来的变化，从而不断提高企业的核心能力。而云原生使企业得以实现全业务流程的数字化和体系化，建立超级连接，并实现与环境的连接，为产业链的不断进化和把握企业发展的新机遇创造条件。

中台并不是一个简单的平台，而是企业的"指挥中心"；是对海量数据进行采集、存储、计算、加工与融合的平台；是把业务生产资料转变为数据生产力，同时数据生产力反哺业务，不断迭代循环的闭环过程；更是数字化时代对企业的组织重构、流程再造与技术升级。在企业中常见的中台处理流程是将对象划分为不同的业务场景，然后通过微流程、微服务、数据层针对不同的产品和服务进行因地制宜的处理，如图 3-4 所示。在强大的中台支撑下，前台在进行业务运营和创新时会变得非常高效且灵活，企业可以根据最新的市场动态进行各种尝试和调整，一旦发现并验证了新的市场机遇，就可以调集中台的强大能力迅速跟进，抢占市场。

中台还是组织的发力点，通过中台的组织，每个个体都能以组织的力量面对竞争。由于从客户需求到交付、服务都可以实现可视化，企业中的个体都变成了拥有"千里眼""顺风耳"的"大力士"。通过中台的数据和网络，每个员工都能快速贡献自己的智慧，实现组织和个人的一体化运作。

中台对企业至关重要。过去 20 年，创新成为企业的战略核心，放眼走在这场潮流前端的企业如亚马逊、海尔和华为等，我们会发现，在这些企业快速响应、持续进行复杂创新的背后，都有一整套完善的中台。

以生活中经常会见到的美团外卖为例，美团外卖的商户和外卖骑手的数量是千万量级的，美团是怎样将他们调动起来，从而将外卖安全、快速地送到用户手上的呢？如果靠人力来调度，恐怕雇用的调度员比外卖骑手还要多，效率之低也无法想象。因此，美团搭建了数据中台，通过数据分析，帮助那些在平台上点外卖的用户迅速匹配合适的餐馆，帮助出餐的餐馆在最短的时间里匹配骑手，从而以最高的效率将外卖送到用户手上。

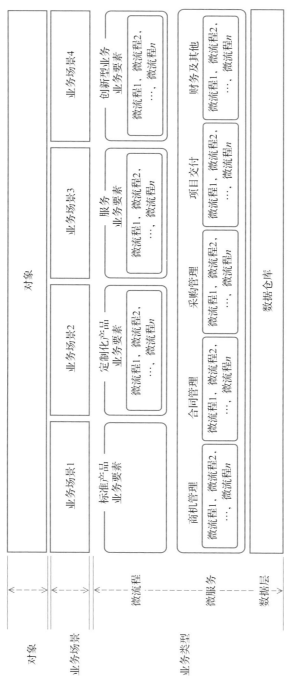

图 3-4 企业中常见的中台处理流程

中台可以分为很多种，比如业务中台、技术中台、数据中台等，如图 3-5 所示。

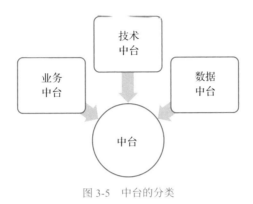

图 3-5　中台的分类

业务中台指的是以业务为中心的中台，它源自业务并服务于业务，有助于业务的复用以及对业务的快速响应。

技术中台是确保业务中台落地的技术支撑，它包括不同技术领域的技术组件，比如微服务开发框架、DevOps 平台、容器云、PaaS（Platform as a Service，平台即服务）平台以及其他各种应用技术等。技术中台能为前台、业务中台和数据中台提供简单、易用、快捷的应用技术基础设施，提供底层的技术、数据等资源和能力的支持。

数据中台以数据为中心，对获取的各类数据进行加工、分析、建模，然后提供给业务中台使用。数据中台的数据通常是从各业务系统或者数据湖中获取的，包括源数据、关联数据、加工好的数据（已经整理的主题数据、算法、模型）等。以购物网站的推荐为例，数据中台根据数据提供算法，然后业务中台基于算法的结果，给关联推荐提供支撑。

中台建设为企业的数据服务和数据共享奠定了坚实的基础，是企业从"数据"迈向"价值"的强大助推器。完善的中台也使企业实现产业数联成为现实。比如贝壳找房就是通过中台建设达到产业数联的目标，实现了行业商业模式的颠覆。

2018 年 4 月，贝壳找房正式成立，其服务项目包括二手房、新房、租赁、装修等众多类目，致力于为全国家庭的品质居住提供全方位的服务连接。成立以来，贝壳找房在推动房产服务这一传统行业互联网化的进程中，不断面临业务模式复杂、业务运营日趋精细化等一系列难题，这对平台的综合服务能力提出了更大的挑战。

在品牌合作上，贝壳找房平台上入驻的新经纪品牌已超过 200 个，一系列有研发能力的业务团队加入了平台，平台需要满足他们不同的业务诉求；在业务进化上，随着平台连接的进一步深化，原本并行发展的业务亟待一个综合性平台去进行统筹，确保业务能够合理叠加；在角色分工上，贝壳找房平台上汇聚了几十万个经纪人、店东、职能人员、摄影师、交易经理等各种角色的服务者，贝壳找房需要为每一种服务者都提供相应的工作台，帮助他们完成作业，而且在保持高效、稳定的同时，需要保持工作台迭代的独立性。

为了满足品牌、业务和服务者的不同需求，通过业务下沉和基础能力整合，贝壳找房搭建了一套资源共享的中台系统，把原本分散的资源集中到了一个可以复用的、能够有力支撑前台业务的平台上，并提供统一的 SaaS 解决方案，不断地提升企业的整体效率，不断地促进行业的协同与融合，从而更好地服务用户。

一次二手房交易有十几个环节，涉及谁找到这个房源并把房源录入系统，谁去量了房、拍了照，谁找到了一个潜在买家并将其信息录入系统，谁联系了这个潜在买家并带他上门看房，谁撮合双方谈价钱，谁协调双方签合同，谁带买家去银行办理贷款，谁带双方去过户，谁带双方到现场验房和交接。以前，整个流程是由一个房产中介跟完的，但在贝壳找房平台上，却是由十几个人协作完成的。

贝壳找房将二手房交易的每一个步骤进行细分，不同的人承担不同的职责。这些人可能来自链家（贝壳找房是链家孵化的），也可能来自其他房地产经纪公司。在贝壳找房平台上，所有的数据都是共享的，每个人都可以看到其他人的工作。一旦交易完成，系统会根据每个中介角色的价值占比自动分成。这就做到了精细化的价值度量和精细化的价值分配。

过去，在链家内部也有这样的工作机制，参与者都是链家内部的人，而贝壳找房则实现了全行业、全产业链的大协作，形成了一个新的组织生态。在这个组织生态里，每个企业都可以参与其中，做出自己的贡献，真正实现了产业数联。

中台是企业数字化转型的中枢，是从业务驱动转向数据驱动的必然结果。它突破了传统公司管理边界的认知，通过一个生态协同系统，极大地提升了企业发展的速度。

以决策数智化驱动管理

构建智慧的"企业大脑"

产业数联的基础是产业链上下游的各个企业对自身的各个业务环节

进行数字化、智能化改造，我将其称为"决策数智化"。而资产数字化又为决策数智化提供了现实土壤和前提条件，因此，决策数智化是企业进行数字化转型的一种必然。

"管理就是决策"是美国著名管理学家赫伯特·西蒙的一句名言。西蒙认为，决策是管理的中心，决策贯穿管理的全过程。任何作业开始之前都要先做决策，制订计划就是决策，组织、领导和控制也都离不开决策。所以，实现了决策的数字化与智能化，也就实现了企业内部组织和管理方式的数字化转型。

下一颗围棋棋子落在哪个位置存在太多不确定性，而交给人工智能和大数据来处理，往往能得到更优解，企业也是如此。通过决策数智化，企业得以构建"智慧大脑"，有效地优化企业的管理方式和业务流程，提高企业的运营水平和利润率。

实现决策数智化的企业，可以在大数据处理、机器学习和人工智能的基础上，通过挖掘大量内部和外部数据中所蕴含的信息，以及对企业整体情况的分析，发现业务规律，预测市场需求，改善工作流程，做出更好的决策，制定更加行之有效的战略，支撑企业的数字化营销、品牌建设、产品创新、智能制造、销售和分销以及渠道管理，创造端到端的商业价值，从而实现持续增长、高效运营。

决策数智化最重要的两个关键元素是"数"和"智"。简单来说，数智化就是"数"和"智"的结合，如图 3-6 所示。

"数"就是数字化，从消费端到供给端的全域、全场景、全链路的数字化，如品牌、商品、销售、营销、渠道、制造、服务、金融、物流供应链、组织、信息技术等商业要素的数字化。

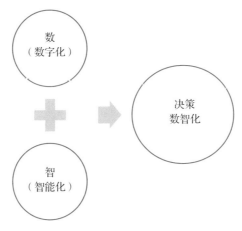

图 3-6　决策数智化的两个关键元素

"智"就是智能化，是基于数字化的闭环，完成由经验决策向机器决策的演进，从而实现对市场需求变化的精准响应、实时优化和智能决策。

过往的企业决策，管理者往往依赖经验，或是依靠低效率的信息收集方式，如问卷调研、来自渠道商的信息汇总等。而今天的数智化决策，则是数据支撑下的高效决策乃至自动化决策。

谷歌有一个决策数智化的经典案例。通过企业内部的数据驱动，谷歌让每个员工以自己的创造力为企业服务成为必然。谷歌为每个员工都提供了很好的福利，但它也提醒大家，这是以创造力为公司做出贡献的回报。员工不需要外在约束，因为对公司没贡献的人就会被淘汰。借助数字化的流程管理，谷歌实现了员工内部价值的精细化度量，减少了大量的管理成本，并因此成为全球最具创造力的公司。

在智能商业场景下，未来每个企业都会有一个"企业大脑"，它将完成企业大部分的管理决策辅助，并为企业管理者提供决策支撑，这样管理者将会抽出更多的时间投入战略规划和客户运营。中台的使命中很重要的一点就是通过构造知识图谱实现智能决策，减少人为干预的判断，提高决策效率。

决策数智化最重要的优势在于能够形成自我迭代的决策闭环回路。我们以企业中比较常见的营销场景为例：通过采集营销场景的实时数据及反馈数据，并利用算法在数据基础上训练出营销模型，模型上线后就可以对每一位客户的个性化需求做出精准且实时的预测，同时，通过线上决策与实时互动，可以进一步获得客户的反馈数据，然后凭借模型的自学习能力进行重新校准，从而不断满足该业务场景的新变化。

而当来自各个业务部门的场景数据被源源不断地整合到企业的决策"大脑"中，企业的整体智能化水平就会出现指数型增长，并实时反哺各个业务，使企业做出更加精准的预测与决策。

在竞争日益激烈的产业互联网时代，无论在大型企业集团还是在中小微企业，决策数智化都是无法回避的必修课程。只有早日进行数智化布局，实现数智化升级，才能紧跟时代的步伐。

那么，哪些传统企业会率先完成决策数智化的变革？在国内，传统行业的产业互联网发展路径是有迹可循的，这主要取决于行业的数据化基础以及竞争激烈程度。先扛起决策数智化"大旗"的是金融企业，因为金融行业和数据密切相关，数据量极大，而且数据质量高，其外部环境所带来的压力也让它们有足够的动力采用相对激进的方法变革。一些调查数据也证明了这一点，根据 2021 年 11 月初腾讯研究院与腾讯云一同发布的《数字化转型指数报告 2021》，在全国 351 个城市和 18 个行业中，金融行业的数字化程度比行业均值高 3 倍。在后面的章节中，我们会对银行的决策数智化和数字化转型进行简单的介绍。

决策数智化是劳动生产率倍增器

对人类来说，企业的决策数智化比火和电更有意义。

从劳动生产力的历史来看，在 18 世纪中期以前，人类社会的变化是非常缓慢的。到了 18 世纪 60 年代，工业革命拉开了帷幕，社会开始了巨大的变革。从工业革命开始到现在，不过短短 200 多年时间，一切却都变了。今天，我们的日常用品，我们居住的建筑、用的电子产品，都是这 200 多年的产物。

工业革命对人类的影响是前所未有的，反映到劳动生产率上，就是使人均劳动生产率在过去 200 多年的时间里提升了 10 倍。要知道，在这之前将近 3000 年的时间里，劳动生产率几乎没有什么改变。

这值得我们思考：为什么会这样？人类能有今天的进步，主要是人类的劳动形式发生了根本性变化。不同的劳动形式效率是不一样的。在工业革命之前，人类改造这个世界基本都是靠体力，效率非常低下，而工业革命用能源加机械替代了人的体力。

工业革命之后，人类不再依靠体力来改造世界，而是依靠技能，于是，劳动力结构发生了巨大的变化。在农业社会，从事农业的人占社会总劳动力的大多数，但是工业社会之后，从事农业的人越来越少，体力劳动能创造的价值也越来越小。如今，从世界范围来看，农业产值占全球 GDP 的比例是 3% 左右；在美国，农业产值在 GDP 中的占比只有0.84%。除此之外，在工业革命初期，英国的纺织业产能占全球的 85%，如果按传统的生产方式需要有 4000 万人从事纺织，但事实上当时英国的人口可能也就是 2000 万左右。英国能实现超大规模的纺织业产能，靠的就是工业大生产的力量。

在数字时代之前，有很多人是从事技能劳动的，比如司机、厨师。随着数字化的不断深入，技能劳动在整个劳动中所占的比例将越来越小，人类将会越来越重视创新劳动。企业决策数智化的最终意义就是把最富创造力的人从低价值的重复劳动中解脱出来，让他们进行更加智慧、更加需要创造力的创新活动。

企业决策数智化可以大大提高生产力。以京东为例，它在东莞有一个分拣中心，过去那里有 3000 多名员工，但现在只有 20 名员工和 300 台分拣机器人。这些机器人任劳任怨、夜以继日地工作着，使整个分拣中心的效率大大提升，成本却降低了 86%。

决策数智化还能促进服务效率的提升。阿里巴巴曾经做过统计，它的人工智能客服占比已高达 94%。而接下来的数字更令人震惊——人工智能客服的客户满意度竟然比人工客服高 3 个百分点。

决策数智化还能带来人机协作，通过人、机器人和人工智能的协同来提高工作效率。

RPA（Robotic Process Automation，机器人流程自动化）可以看作按照预先设定的脚本程序，与现有用户系统进行交互的技术，其产品形态基本是软件形式，主要帮助完成重复性的工作。

一开始，RPA 只被应用于开票、贴票、报账等通用的场景。以跨系统、跨页面的开票、贴票场景为例：过去，员工需要手动登录打车软件后台，输入相关税号、报销说明，再下载发票并上传到 OA 等内部系统，填写相关报销申请，手续非常烦琐。但是应用 RPA 之后，这些琐碎复杂的步骤中有很大一部分都可以免除——软件机器人会模仿员工，自动完成跨系统的多个操作步骤。

在人力成本快速攀升、企业内部组织架构愈加复杂的当下，如何开源节流，提高员工的工作效率，成为很多管理者关注的核心命题。RPA 可以模拟前端的人机交互，记录使用者的操作行为，比如键盘录入、鼠标移动和点击、触发操作系统、调用应用程序，在捕捉到某一流程后，RPA 可以按照规则代替人来自动执行这些步骤。比如读取邮件、对账报销、生成报告等，机器人都可代劳。

在电商场景里，RPA 的应用也可以极大地提高效率。比如在很多电商平台，运费险非常普及，有些商家还会赠送运费险，然而，运费险的赔付却让运营人员感到十分头疼。对订单情况进行追踪、与保险公司同步赔付进度、查看保单信息等琐碎的工作占用了他们大量的时间，而 RPA 却将他们解放了出来，它可以自动查询、下载和汇总信息，只要预先设定好使用规则即可。

RPA 与人工智能相结合，其实等同于智能流程自动化（Intelligent Process Automation，IPA）。RPA 如同人的双手，人工智能则如同人的大脑，而 IPA 是把人工智能作为大脑，由其去指挥 RPA 完成工作。由 RPA 与人工智能结合而成的 IPA，将拓展自动化的深度和广度，以最少的人工干预处理任务。

企业决策数智化变革的潜力和速度超乎我们的想象和预测。与目前的经营管理手段相比，决策数智化对企业生产力的提升效果更加明显。我们需要认识到其中的差距，并付出更大的努力。

"机器＋人"让人的价值最大化

决策数智化是时代发展的大势，是企业必经的阶段，但有一点我们需要认识到：数智化不是为了完全取代人的位置，而是为了最大限度地释放人的创造力，发挥人的价值。

无论人工智能做出怎样的计算和分析，在企业中，最终做出决策的还是人。因为决策本身是一个与人和社会密切相关的行为，人工智能可以通过数据科学来辅助决策，但永远不可能替代这一行为。决策数智化的必要性在于，一个人在完成一项决策的时候，会受到外在因素和自身局限性的影响，在面临多重选择的时候，人工智能能够帮助他们对相关的因素进行分析，从而做出更有利于企业发展的决策。

对于一家企业的发展来说，企业的文化、组织、战略、领导力、人才等因素远比技术更重要，这一切都与人有关，人是企业价值创造的主导要素。如果一家企业不重视人的价值，即使拥有再尖端的技术，也不可能实现良好的发展。不只是决策数智化，企业方方面面的发展都应以人为本，人才是数字化转型的真正核心。

而且，在企业的众多决策中，还有很多决策是不可能实现数智化的。在这一类型的决策中，最大的变量是人的意志因素。它不但依赖于决策者的知识、经验、判断能力以及承担风险的魄力等，而且还会引起决策所影响对象的有意识反应，比如在营销中，如果一家企业做出了价格战的选择，那么竞争对手也会做出相应的选择，这就使决策变得更加复杂和困难。而决策数智化却恰好可以把人解放出来，让决策者把更多的时间和精力投入到这种受人的意志因素影响较大的决策中，从而激活人的潜能，激活组织活力。

让机器服务于人，机器确保效率，人创造价值，这才是决策数智化的最大意义。

我们身处一个快速变化的时代，然而，变化本身并没有什么值得惧怕的，可怕的是走老路，继续沿用旧的逻辑。在数字化转型的路上，企业家必须改变自己的思想、行为和模式，为组织赋能；重视人的价值，彻底激活每位员工。只有这样，才能真正拥有未来。

企业无边界，方能以无胜有

未来的企业靠无边界制胜

产业数联和决策数智化，是未来数字化企业必须拥有的"双螺旋"，是新商业的 DNA。而它们对企业的改变也是根本性的——它们将引领企业走向无边界化。

过去，边界一直是企业制胜的因素。在传统的经济学理论中，人们普遍认为，企业的运营是有边界的。因为构成企业的基本生产资料主要是土地、劳动以及资本等可以看得见的事物，所以根据企业边界理论，当企业的生产规模达到一定程度的时候，企业的边界就形成了。

我们不能否认传统经济理论对企业边界的深刻认识，但我们也必须认识到，这一理论是建立在工业时代背景之下的产物。但在人类社会实现了从工业时代到数字时代的跃迁后，这一边界理论是否依然适应新的时代特色要求呢？

答案当然是否定的。因为在数字时代，传统经济学家所认为的企业边界理论已经失去了其生存的土壤。

在企业外部，通过产业数联，产业链的数据被打通，上下游企业间的边界变得越来越模糊。在企业内部，通过决策数智化，可以构建知识图谱实现智能决策，因此，员工人数、营收规模不再成为企业边界的标准。当企业实现"无边界"后，其自身价值将实现极大倍数的放大。由于高盛开放了资产管理平台，它的企业边界就不再以它拥有的员工人数、营业收入等这些传统的企业边界标准来定义。因为企业已经向无边界化发展了，它的价值无法以单一标准来衡量。

无边界运营的理念并不是一个新概念，它最早是由美国通用电气公司 CEO 杰克·韦尔奇提出的。杰克·韦尔奇被誉为 20 世纪最成功的企业家，他于 1981 年执掌通用电气，只用了短短 20 年的时间，就使这个原本结构臃肿、管理层级复杂的商业帝国的年收入从 250 亿美元提高到 1000 多亿美元，净利润从 15 亿美元提高到 93 亿美元，市值增长了 30 倍，排名从世界第 10 位提升到第 2 位。韦尔奇的成功，很大程度上得益于无边界运营理念。

韦尔奇认为，企业的无边界运营就是将企业的管理思想和科技创新放入一个"无边界"的环境，跳出经营思维的限制，从全球角度来进行市场开拓和资源配置，以招揽更多的人才并实现品牌的创新，从而使企业的发展空间更为广阔。同时，韦尔奇还进一步指出，无边界企业可以使企业经营者产生更好的方法和思想，并与企业内部人员以及其他企业共同分享最好的思想与实践。

在工业时代，传统企业凭借严格的边界在竞争中脱颖而出，但未来的企业则要靠无边界制胜。

为什么？我们身处数字时代，就要运用新认知、新思维来看待、分析以及解决所面临的问题。

首先，我们应当看到，消费者的需求是企业运营一直关注和追求的目标。因为如今是一个以消费者为中心的时代，消费者完全掌握了市场的话语权，这就要求企业转变经营思维，以适应这一变动的实际需求。

其次，我们要认识到数字时代的主要特征之一就是资产数字化。这使得企业与消费者之间的距离被无限拉近，这样一来，就需要企业打破原有的边界，将消费者的参与体验引导到产品的设计、研发以及整个生产过程之中。

比如小米手机的巨大成功，就是生产企业和消费者紧密互动的结果。企业通过互联网，收集消费者对手机设计以及研发方面的诸多建议，从而实现在功能配置上更加符合消费者的心理需求。显然，让消费者积极参与，打破企业边界，是促使小米手机成功的一大法宝。

最后，随着数字经济的推进，企业之间的竞争将会越来越激烈，企业要想获得持续发展，必须保持不断创新。而传统行业的竞争格局基本固定，市场基本饱和，企业要想获得更大的发展空间，就必须跨出现有边界进行创新。这种创新不可以故步自封，更不能浅尝辄止。发明第一台数码相机的柯达因为固守胶卷产品最终被消费者和市场抛弃。拥有全球近乎 90% 市场份额的丰田、通用等汽车厂商，最大的突破也就是将油电混合动力汽车做到极致，依旧面临极为狭小的行业内部上升空间，这才使得边界之外的特斯拉有机会脱颖而出，建立了纯电动汽车的领先优势。另一个经典案例是苹果。苹果花费 1.5 亿美元研发了第一代 iPhone 手机，产品上市后总销量达到 610 万部，作为创新产品，iPhone 的成功也是企业向边界之外的市场不断拓展的成功。

当我们理解了这三点，就会发现，未来企业发展运营的方向就是边界越来越模糊，无边界、扁平化是未来企业发展的重要特征。从深层次上理解，将来企业的运营不仅要组织企业内部的资源，还要组织企业外部的资源，激活互联网所能连接的每一个有用组织为我所用，彻底将企业边界打破。

美国战略研究大师加里·哈默和 C. K. 普拉哈拉德在《竞争大未来》中指出："企业必须打破旧有的思想框架，以积极开放的胸怀去思考、接受不同的经营架构，把握未来趋势、建立战略架构、组织核心能力，从而在创新中掌握竞争优势。"企业应学习应用无边界运营的思想，坚持在开放中发展、在开放中创新，打开大门热情拥抱世界，全面扩大对外开放合作，推动企业持续快速发展。

无边界"无"在哪里

今天，面对数字经济的浪潮，借鉴国际管理先进经验，使企业实现无边界化已经成为中国企业立足市场、提高核心竞争力的必然选择。

企业无边界体现在哪里？体现在资源无边界、行业无边界、产品无边界、客户无边界、组织无边界上，如图 3-7 所示。

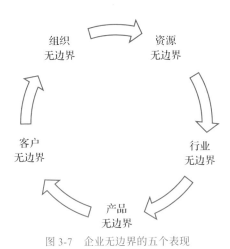

图 3-7　企业无边界的五个表现

1. 资源无边界

《维基经济学》一书指出，失败者创建的是有墙的花园，而胜利者创建的则是一个公共的场所。张瑞敏曾经说，打开企业的边界，企业会成为一个无边界的聚散资源的平台，最终目标是满足用户全流程的体验。正是因为有着这样的认识，海尔提出了"企业无边界、管理无领导、供应链无尺度"的理念，以企业平台化、员工创客化、用户个性化来体现"三无"，率先在全球创立物联网生态品牌，成为唯一入选首批"灯塔工厂"的中国企业，创立了互联网时代的"人单合一"管理模式，为企业管理提供了一个值得借鉴的经典案例。

要想使资源无边界，企业的经营者需要转变思维，以平台思维、生态思维、共赢思维来管理企业，把连接资源、集聚资源、整合资源的能力当作企业的核心能力来打造，把"打造平台、利用平台、借助平台"和"营造生态、融入生态、生态发展"作为重要的发展路径，努力打造无边界、无尽头的产业生态。

2. 行业无边界

小米创始人雷军曾经说过，一个只做手机的小米，是不会有真正的未来的，它的效应⊖很快会受到阻抑。于是，雷军打破了行业边界，带领小米向其他行业拓展。盘点小米的商业版图，你会发现，除了手机之外，小米的商业触角延伸到了家电行业、饮料行业、服装行业等多个行业。

企业无边界会促使企业打破传统意义上的行业边界与界限，跨入新的领域，将原本属于不同行业的价值链进行融合与重构，从而为企业带

⊖　即"小米效应"。

来新的增长点。

3.产品无边界

歌德曾说，每一种思想最初总是作为一个陌生的来客出现的，而当它一旦被认识了之后，就可能成为改变社会的滚滚潮流。产品创新也是如此。如通过消费体验共享，进行无边界创新，不少企业都做出了示范。华为最初主要只有两项业务，通信运营商管道和企业网，后来它将智能手机纳入产品体系，从而进入了新的赛道。杰夫·贝佐斯在创立亚马逊的时候一心只想成为世界上最大的书店，然而，20年后，它成了世界上最大的在线零售商，后来又拓展了新的业务——AWS，这些产品使亚马逊成为一个庞大的商业帝国。当产品的边界被一再打破，企业的跨界发展、平台式发展就会成为一种常态，而企业产品边界的突破又使得企业发展的边界越来越趋于模糊。

企业经营者必须清楚地认识到这一点，不要把自己束缚在固有的思维中，更不要把企业的成熟产品当作不可逾越的边界，而要打开视野，不断创新，坚持客户为王、价值至上，以客户的多变需求为中心积极整合多方资源、凝聚内外部力量，大胆地推进产品和服务创新，不断推出对客户有价值的新产品、新服务，不断引领企业开拓新蓝海。

4.客户无边界

过去，企业总是习惯于寻找"目标客户"，这在无形之中就为企业的客户群体划定了界限。而无边界企业没有固定的客户选择标准，需要尽可能争取未被满足需求的潜在客户和平时没有在视野中的客户，并在消费导向上引导、教育并培养他们；同时关注客户对需求的不同或变化，扩大寻找客户的范围。

更重要的是，企业要减少或放弃与对手在红海市场的血腥竞争，在传统非客户身上做文章，延伸或开辟新需求，寻找新客户。只要跳出现有客户，把原来的非客户转化为客户，企业就会海阔天空。

5. 组织无边界

工业时代，企业的组织架构是建立在部门分工的基础上的，因此形成了金字塔式的组织体系。而在数字时代，全流程满足客户需求和提升客户体验成为企业管理的最终目标，传统的组织体系已经不适应这种形势，因为它无法及时、准确地把握客户需求的变化。

同时，数字化转型后的企业将成为一个开放的生态系统，严格意义上的内外界限也变得越来越模糊。这也要求企业颠覆传统的组织架构和管理流程，进行无边界管理，只有这样，才能实现资源配置最优化、价值创造最大化。海尔之所以能做大做强，就是因为它通过构建链群生态，打造了一种无边无界、交互共赢、开放合作的新型组织形式，这值得每个企业学习。

值得注意的是，虽然组织无边界使经营理念、数据以及其他各种资源能自由地在企业内外穿行，但这并不意味着完全开放边界或不存在边界，否则，企业将成为"无组织"状态。

激活个体，赋能组织

伴随着企业的无边界化，企业对内外部的管理也呈现出无边界化的特点。这种无边界管理将企业各个职能部门之间的障碍消除，便于部门之间的沟通合作；推倒企业外部的围墙，使供应商和客户成为一个单一过程的组成部分；把团队的位置放在个人的前面，倡导群策群力的"团队精神"等。过去，企业需要不断修订战略，这依赖于企业家的格局与眼光。而在无边界企业中，企业的战略有实时的数据作为支撑，企业的发展也就不再完全依赖于企业家的高瞻远瞩。

相应地，企业的组织管理模式也发生了变化，自组织迅速崛起，成为企业组织变革的新趋势。

自组织思维是数字文明带给我们的一种认知颠覆。如今，一些有先见之明的企业家开始采用自组织模式来管理企业，他们精简组织层级，去中心化，从组织结构、岗位设置上赋予员工"主人翁"的地位，让员工成为企业的管理者、决策者甚至拥有者，从而激发其创造性和主动性。

谷歌前执行董事长埃里克·施密特（Eric Schmidt）和主管产品的前高级副总裁乔纳森·罗森伯格（Jonathan Rosenberg）在他们的著作《重新定义公司：谷歌是如何运营的》中提出了一个观点：未来组织的关键职能，就是让一群创意精英（Smart Creatives）聚在一起，快速地感知客户需求，愉快地、充满创造力地开发产品、提供服务。什么样的人是创意精英？简而言之，创意精英不用你管，只需要你营造思考的氛围。所以传统的管理理念不适用于这群人，甚至适得其反。你不能告诉他们如何思考，给他们命令不但会压抑他们的天性，还会引起他们的反感，甚至把他们赶走。这群人需要互动、透明、平等。作者反复强调，凡是不受法律或者监管约束的信息，谷歌都倾向于开放给所有员工，包括核心业务和表现。谷歌采用的就是这样一种模式，优秀人才自然慕名而来，这使谷歌保持着非常好的创新能力和领先的行业地位。

海尔的"人单合一"模式，也是通过自组织保持应变能力、适应时代潮流的经典案例。

张瑞敏曾经说，海尔自己的企业文化其实就是一个应变的文化，对于海尔内部来说就四个字——"自以为非"。不能自以为是，而要自以为非，既然要自以为非，就要经常根据外部变化来改变自己。正是因为"自以为非"，在企业经营过程中，海尔不断审视周围的环境，时常为自己动"大手术"。比如，随着互联网的发展，张瑞敏发现，在互联网时代，企业不能以自我为中心、追求大而全，而是只能成为整个互联网上的一个节点。所以，必须打破原来的组织架构模式，与互联网充分融合，让企业重新焕发活力。于是，他率先提出了"人单合一"的组织模式。

"人单合一"，最重要的是把"人"排在第一位，其精髓是打破传统的业务模式和盈利模式，顺应互联网时代"零距离""去中心化""去中介化"的时代特征。

简而言之，"人单合一"就是让每个员工与用户直接连接，通过为用户创造价值来实现自己的价值，并分享由此带来的收益。也就是说，"单"是价值增长的路径，有"单"才有"人"，而"人"因用户而存在。在海尔，员工的薪酬与绩效不是像其他企业那样取决于上级评价、企业付薪，而是取决于用户评价、用户付薪，真正做到了"我的用户我创造，我的增值我分享"。正因为如此，员工的创造力和积极性被充分调动了起来。

采用"人单合一"模式，海尔原有的组织结构被全部打碎，拆分为许多"小而美"的创新团队，推倒企业与用户之间的"墙"，使整个企业变成了一个生态圈。无数员工凭借自己的创意，或者通过发现市场上好的创意、需求，就可以成立创业团队。这样一来，海尔就完全把企业与市场、用户融合到一起去了。

不只是海尔，很多企业都在向着自组织管理改革。微软改变了员工分级制，认为任何层级的人将来都可以变成企业运行的重心，都能变成组织的资源调配重心。华为一直提倡"让听得见炮声的人来做决策"。在追求效率的初创阶段，小米的两万多名员工只有三个层级：创始人组成高管团队，每个高管分管一个大部门，其中有若干个小团队，每个小团队5～10人，并设置一个小组长。根据项目需要，团队成员可以随时流动，从而实现了以客户为中心的快速反应。

在企业中建立自组织的管理模式并不是一件容易的事，在这个过程中，有以下几点需要注意。

第一，强调每一个人的主观能动性，对业务部门加大授权力度。采取类似项目承包制的方式，将项目的运营主动权让渡给各个业务部门经理——明确责任、权利、义务和回报空间，将企业的项目变为"我的项目"，增加业务部门的工作能动性。

第二，强调工作职责、权限范围以及可以调度的资源，使得职能部门为具体的结果负责。对部门的表现，明确好坏的标准并及时评估，明确奖金池以及金额增减的规则，将企业的职能变为"我的职能"，增加职能部门的工作能动性。

第三，完善的企业制度是必不可少的。在分权之前，管理者必须确认企业的经营管理是否建立了配套且完善的制度，是否实现了规范化。对于管理者来说，这样能够更加清楚自己手中的权力和职责，哪些是可以转移出去的，哪些是不可以转移出去的，可以有效地避免发生越职授权或者授权不当的情况。对于被授权者而言，这样可以更明确自己得到的权力边界和责任大小，在可能的限度内充分运用得到的权力，以最佳的方式实现既定目标。只有在这个基础之上，明确各个业务部门和岗位的责任、权力和利益，减少授权中的盲目性和随意性，授权才能做到有章可循。而且，有了制度和规范的保证，也就能够把授权置于企业的有效监控之下，增加授权的透明度，使授权者和被授权者的权利及义务更加清楚明了，为授权管理的顺利进行提供可能。

第四，要在企业中营造一种尊重人才的氛围。企业要为员工提供充分的个人发展空间。每一个上司都要关心员工的表现，从员工的表现觉察员工的情绪状态，遇到问题，主动沟通了解情况，在了解员工问题的基础上，做出正确的决策。在员工培训、员工活动和员工福利上不断改进，营造更好的协作氛围，以激励员工充分发挥自己的潜能，激发员工自我负责的精神，并形成对企业的责任感，从而对自己的工作负责。

"新银行"：银行的数字化转型之路

在工业时代，由于制造业对生产要素大规模、集约化运营的要求，资本和资金成了最重要的生产要素，以银行为代表的资金管理机构也因此成为经济领域"皇冠上的明珠"。因为天然的信息化属性，银行业一直是新的信息技术的应用者和引领者。数字时代，在数字经济的浪潮下，以云原生、大数据、人工智能、区块链等为代表的数字技术全面渗透到银行领域，银行率先开始了数字化转型的尝试，并且在实践中取得了丰硕的成果。作为数字化的先行者，银行业的数字化转型或许可以作为企业数字化转型的范本。

神州信息[○]是较早进入银行信息化领域的 IT 公司，是银行信息化建

　○　神州信息（全称为神州数码信息服务股份有限公司）与神州数码（全称为神州数码集团股份有限公司）为两家独立的上市公司。

设的第一批支撑者。在过去十多年的探索与积淀中，神州信息打破跨国公司的垄断，在国内银行 IT 建设的关键阶段有力地推动了整体应用架构的转型发展，协助实现了银行传统领域自主创新从无到有的突破。截至目前，神州信息在金融软件领域有很高的市场占有率，90% 的银行都是我们的客户。

在数字时代全面来临、银行业全面转型之时，我想以银行业企业数字化转型为例，真实地展现神州信息作为一个数字化服务企业，在面对行业转型需求时是如何思考以及实践的，希望能对读者有些许启发。

"新银行"是机遇，也是挑战

银行是如何在数字经济时代实现蜕变的呢？我们先从未来银行将面临的机遇和挑战开始讲起。

未来的银行，我将其称为"新银行"。在数字经济时代，"新银行"面临着全新的机遇，如图 3-8 所示。

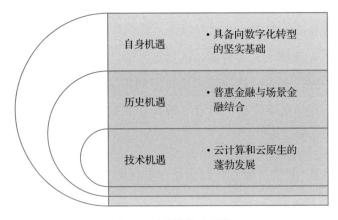

图 3-8 "新银行"的机遇

1. 自身机遇：具备向数字化转型的坚实基础

银行是我国金融行业的压舱石，承载法人和个人主体大量的金融服务数据，安全性高、隐私保护好，同时银行全面对接社会各产业，具备了在数字经济体系内成为枢纽型平台的基础，这些成为银行在数字经济时代打开全新发展局面的优势。比如，银行在数字化升级方面已经进行了大量投入和探索，因此具备科技优势；银行掌握核心数据，有数据优势；银行是由国家赋权、持牌经营的，有公信力，这使其具有信用优势；银行能广泛连接 B 端、C 端、G 端客户⊖，所以具有客户网络优势。

2. 历史机遇：普惠金融与场景金融结合

1976 年，孟加拉国吉大港大学的经济学教授穆罕默德·尤努斯在学校附近一个叫作乔布拉的村子进行社会考察时，与一名叫作苏菲亚的农村妇女攀谈，得知她一直辛苦地做竹板凳，收入却非常微薄。细问下去发现，原来她买材料的钱来自高利贷。她每天从高利贷者手中获得 5 塔卡（相当于 22 美分）的贷款用于购买竹子，编织好竹凳交给高利贷者还贷，每天只能获得 0.5 塔卡（约 2 美分）的收入。苏菲亚每天微薄的收入，使她和她的孩子陷入一种难以摆脱的贫困循环。这种境况使尤努斯异常震惊，后来，他在自己的传记《穷人的银行家》中写道："在大学里的课程中，我对成千上万美元的数额进行理论分析，但是在这儿，就在我的眼前，生与死的问题是以'分'为单位展示出来的。什么地方出错了？我的大学课程为什么没有反映苏菲亚的生活现实呢？"

⊖ B 端，指企业用户、商家；C 端，指客户、消费者；G 端，指政府客户。

　　而在这个村子里，还有很多像苏菲亚一样遭受高利贷盘剥的人。大受震撼的尤努斯把自己的 27 美元借给了 42 位贫困妇女。谁也没有想到，尤努斯的这个小小的善举，竟然成了"小额信贷运动"的第一笔贷款，而这场蓬勃发展的运动，在后来为尤努斯赢得了"穷人的银行家"的美称。

　　经过调查，尤努斯发现，贫困者之所以深陷困境无法自拔，是因为他们缺乏摆脱贫困的手段。很多贫困家庭原本可以搞一些手工业等小本经营，但缺乏启动资金，尽管这笔钱的数目根本不大。但是问题也正出在这里——就是因为金额太小，世界上几乎没有一家银行或正规贷款机构愿意发放这样的贷款。这一方面是因为放贷方的收益非常少，算上成本几乎没有任何利润；另一方面是因为传统上认为穷人的信用水平低、还款能力差，收回贷款的风险很高。

　　此时的尤努斯才意识到银行贷款的基本原理，即"你越有钱，越能贷到更多的款"。如果一个人没有钱，就贷不到款。而贷款是人们摆脱贫困的方法之一，如果能为那些想做些事的穷人们提供少许的种子资金，让他们实现自我雇用，那么就能创造就业，消灭贫困。

　　1983 年，在与孟加拉国政府经过了长达几年的沟通后，尤努斯终于拿到了银行业执照，建立了世界上第一家专门为穷人服务的银行——格莱珉银行（又叫"乡村银行"）。截至 2006 年，格莱珉银行在开办的 20 多年里，为将近 700 万孟加拉国低收入及贫困人群提供小额贷款服务，从而使 58% 的借款人及其家庭成功脱离贫穷线，因此 2006 年诺贝尔和平奖史无前例地颁发给尤努斯这样一位商业人士和他创办的格莱珉银行。

　　这家"穷人银行"的迅猛发展打破了人们对银行业的思维定式——银行是为有钱人服务的，是钱生钱的地方。"穷人银行"证明，银行也可以是为穷人服务的，也可以是诞生希望的地方，而且，这种模式是可持续的。

尤努斯的故事说明，普惠金融是一个国际普遍关注的问题，更是一个世界性的难题。它关系到普通百姓对金融服务的可获得性，也关系到金融对于脱贫、对于全面建成小康社会的支持和帮助，意义重大。正因为如此，2013 年党的十八届三中全会提出"发展普惠金融"，将普惠金融上升为国家战略。习近平总书记在党的十九大报告和全国金融工作会议上都强调要建设普惠金融体系，加强对小微企业、"三农"和偏远地区的金融服务。

然而，虽然普惠金融这一构想可谓利国利民，但真正推行起来却并不容易。从我国金融发展的现状来看，优质且数量巨大的金融资源普遍集中在大型企业、城镇及富裕阶层，而小微企业、农民、低收入人群的金融需求很难得到满足。尤其是农村，一直是我国金融体系建设的短板。作为资源、资产以及数据要素最为丰富，金融普惠又最为薄弱的领域，农村长期以来面临征信系统缺失、金融基础设施匮乏等问题。

但场景金融的出现为解决普惠金融发展不平衡不充分的难题提供了新的方案和路径。

在数字经济时代，"场景"逐渐成为重构人与商业连接的重要因素。同样的产品在不同场景里代表着不同的意义，通过与场景的融合，产品的商业价值得到提升，甚至促成跨界、构造紧密的品牌链。在金融行业数字化转型的过程中，金融服务也逐渐向嵌入式的"场景化"方向发展，进而衍生出场景金融的新营销模式。

普惠金融与场景金融的结合，为银行业的数字化转型提供了一个千载难逢的历史机遇。银行可以借助数字技术手段深入场景中，更好地

"读懂"农村、"读懂"小微企业，并通过因地制宜构造业务和风控模式，为其提供有针对性的、有特色的、符合实际需求的金融服务。而这也可以进一步提升金融服务的覆盖率，为银行业挖掘巨大的市场空间，并提供数字化转型的内在动力。

3. 技术机遇：云计算和云原生的蓬勃发展

云计算、云原生技术作为数字基础设施的载体，在资源整合方面具有敏捷、快速、灵活、经济的优势，为银行的数字化转型提供了坚实的支撑。以云计算、云原生为依托，融合区块链、人工智能、大数据、物联网等新兴技术，通过金融云生态的建设，金融服务与城镇化、大健康、大消费等场景之间逐步走向无缝衔接，使场景金融的实现具备了技术基础。

把握机遇，数字化时代将成为银行发展的全新阶段。但在这个过程中，挑战与机遇是长久并存的。

首先是数字经济对银行服务提出了新要求。

随着传统产业的数字化升级，线上、线下新兴场景横空出世，人们的生产、生活模式正在发生根本性变革。物理世界与数字世界联动，使产业边界、服务边界都逐渐模糊，生产模式、社会体系、商业逻辑和分配关系都发生了根本性变化，政策环境、经济环境、社会环境、技术环境也都呈现出全新的面貌。在数字经济的推动下，银行需要不断提升自身的业务能力并升级经营服务理念，比如，因数字化而形成的全新场景需要银行打通金融服务堵点，敏捷创新的发展需要银行在科技、业务层面适应，新型产业模式需要银行提供定制化、个性化的全生命周期服务……只有做好这些，银行才能真正服务于产业数字化升级，服务于战略型产业发展，服务于普惠金融，服务于提升人民的生活水平。

其次是银行自身的发展瓶颈需要打破。

传统银行为市场提供存、贷、汇、兑等基础金融服务，产品同质化严重，依赖大量人力和繁复的流程进行管理，运营成本高企。以重抵押、重财务指标为基础的风控逻辑也使得银行业务逐渐面临客群固化、产品迭代缓慢、难以适应创新等瓶颈。

同时，银行的各种架构存在着制约业务发展的短板。银行的 IT 整体架构有很多不足，比如：仍以单体系统为主，系统间交互能力弱；交易处理和数据处理相互割裂，导致数据价值无法快速体现到业务处理能力上……IT 架构的落后制约着综合金融服务能力、产业服务能力、对典型产业场景的快速植入能力等。银行的组织架构也不够敏捷。过去银行的技术体系架构是以稳态为核心的，但云计算技术却使其走向稳态与敏态相结合。这对数据的传输、存储、分析等能力都提出了新的挑战，需要不断优化相应的数据处理系统，提高压力测试和应急反应能力。相应地，银行也应该建立更为敏捷的组织架构，推动业务流程、业务响应速度、客户服务感受和经营管理决策在更高层面的不断改善。

除此之外，随着新兴场景的不断发展，新生场景运营机构也成为商业银行的竞争对手。而且随着利率市场化改革、金融开放深化等，商业银行急需优化渠道、拓宽客群、提高经营效率、优化产品配置，才能在新发展时代获得优势竞争地位，全面发挥自身价值。

最后是数据治理与数据安全问题。

由于金融机构特有的数据分布非常零散、结构类型十分复杂、数据规模化增长等特征，银行的数据治理面临着巨大挑战。例如，银行数据在不同业务系统中呈现零散式分布，横向纵向割裂，部门之间、条线之间对客户数据配置水平不一致，加大了后续数据整合和应用的难度。

而且，银行在数字化转型的过程中，业务模式、服务方式、运营管理等都发生了变化，风险的形态、路径和安全边界也随之发生了变化，这使数据安全问题也日益凸显出来，并且变得越来越复杂。无论是数据的采集、传输还是存储和共享，各个环节都面临着安全风险与挑战，数据跨境传输还涉及国家安全等问题，银行需要统筹好数据的开发利用和安全。不仅如此，随着数据利用的深入，也容易暴露出一些侵犯个人隐私的问题，隐私数据泄露事件时有发生。虽然银行在不断发展，但其内在本质并没有改变，风险防控仍然是必须守住的底线。对银行来说，数据安全保护任重道远。

如何把握难得的机遇？如何解决这些棘手的难题？这是银行业在数字化转型时必须思考的问题。只有找到这些问题的答案，银行业才能真正走向未来。

运用第一性原理认知"新银行"

内外部多重因素要求银行在未来的发展中不断转型升级，但对于未来银行的形态、能力等具体问题却一直没有明确的要求。现阶段对于未来银行的表述众多，如生态银行、开放银行、平台银行、智能银行等，各种概念纷乱复杂。但这些概念多是传统银行理念的迭代升级，无法体现"新银行"的本质属性。

为了有效刻画"新银行"，我们需要明确"新银行"的功能和形态，进而有效设立战略目标、规划发展路径，促进银行的转型升级。

第一性原理是在纷乱中找到主线，实现突破性创新的最根本抓手。回溯起源于古巴比伦的银行发展史，结合商业银行的定义，我们可以确定银行的第一性——信用中介。它可以满足人们各种方式的信用流转需求。

一是跨越时间的信用流转。在零售业务中，从古巴比伦寺庙开展借贷活动，到现代人按揭买房、消费贷款等，再到全线上消费按揭、虚拟信用卡等模式，其本质归根结底都是提前使用未来收益。

二是跨越空间的信用流转。从我国古代出现的使生意人可以避免携带大量白银的"票号"，到能在全国取出白银的"银票"，再到如今的跨国汇款、手机转账，都是通过银行实现跨越空间的信用流转。

三是跨越主体的信用流转。存款和信贷就是最显著的跨越主体的信用流转。

在数字经济时代，信用流转中介的需求不仅不会减弱，而且会随着物理世界和虚拟世界的互动变得更加多样化，银行必须有能力去适应新需求、打开新格局。

不过，在农业时代和工业时代，银行信用中介集中表现为通过信用的流转、匹配，为实体经济提供存、贷、汇、兑等服务。而在数字经济时代，银行首先需要保持传统金融服务的属性，其次在物理空间与数字空间互动产生的全新场景中完成更广泛的信用中介职能。具体来说，数字经济时代的银行应体现出以下三个特点。

1. 凸显金融能力中心职能

传统银行服务受限于物理空间、人工服务，业务理解也从传统的风控出发，反馈速度慢，难以满足数字化需求。

而在数字经济时代，银行需满足实体经济数字化升级形成的创新性、交叉性、个性化、敏捷化需求。对新兴的数字经济，银行则需拓展全新经营理念，适应新业务模式，在数字资产管理、数字空间运行等方面落实自身价值定位。

作为金融能力中心，银行要将传统服务进行解耦和能力沉淀，进行组件化、产品化，在物理空间和数字空间提供更广泛的，更个性化、定制化的金融服务，在敏捷服务、普惠金融等传统难点上取得突破。通过数字化的卓越运营和理念升级，满足全空间、全场景、全需求。

同时，银行应基于主账户，根据客户成长，智能化地提供金融服务，将"存贷汇兑"能力与风控能力、客户理解能力、运营能力等融合在一起，对接证券、保险、基金、权益市场等，成为金融能力中心。

2. 承担跨平台协调、互信的枢纽职责

除传统跨时间、空间和主体的信用流转之外，数字时代还产生了很多新兴的信用需求，包括多平台隐私数据存储、数字空间身份认证、跨平台交易跟踪等。这些全新的信用认证或信用流转需求已经出现并将不断扩大，新生机构在抢夺这些新场景中信用中介的职能，但都有自己的先天不足。

银行作为法定信用中介机构，具备数据管理、信用中介的先发优势，应该提升自身能力、输出信用中介能力，发挥自身优势、承担相应责任，为数字时代经济发展和人民生活水平提升提供相关服务。

3. 中介活动隐形，全面融入场景

传统银行是独立于实体经济的第三方，中介服务无法达到极致体验。在数字技术的加持下，中介活动可以表现得更加智能化、无感化，信用流转随经济行动本身自然发生，全面融入场景，按需调用，无界服务。

银行驱动新型信用流转将进一步升级物理空间和虚拟空间之间多空间联动的经济模式，推动多场景之间联动，打破信息壁垒，促进产业联动。

为达到数字经济时代"新银行"的能力目标，银行必须推动变革升级，构建全新的能力体系。具体来说，"新银行"的特征应包括三点，如图 3-9 所示。

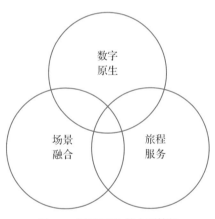

图 3-9　"新银行"的主要特征

数字原生　未来，银行必须对自身能力进行升级，将数字理念刻入经营理念最深处，形成与生俱来的数字化思维和行动模式，把数字科技带来的可能性充分发挥出来，形成数字原生的组织。

场景融合　在服务提供方面，银行要深刻理解各场景对信用中介的

需求，将金融产品和信用服务与应用场景融合，打造个性化、定制化、无感、无形的银行体验，客户只跟进自身需求的满足即可。

旅程服务　"新银行"为客户提供的旅程服务要比传统的满足客户需求更进一步，能根据客户行为和需要，实现全生命周期陪伴和引领客户成长，在客户成长的旅程中进行各项服务的智能化输出，比如金融服务、非金融信用中介服务、数字化能力和相关经验、供需平台化服务等，最终达成旅程化的极致客户体验。

这就是未来的"新银行"，它不是传统银行的简单迭代，而是从数字科技能力和数字经济本质属性出发升级而成的，是具备全新业务形态和全新能力定位的新型服务机构。

建设"新银行"

"新银行"对数字原生、场景融合和旅程服务的能力要求，意味着其已经与只把传统银行服务通过数字化途径展示出来的一般迭代升级区别开来，并且使其成为数字经济体系中更加重要的、驱动信用流转的，跨场景、跨空间的枢纽型服务机构。"新银行"的建设将进一步激发数字经济发展，是现阶段实现数字化升级的主要动力源泉。

"新银行"的建设，应从数字原生、场景融合、旅程服务三个特征入手。

1.建设数字原生

原生即最初的、未经任何外力改变的，那么数字原生银行，即该银行的产品及服务、管理模式、业务模式、商业模式等都是基于数字科技创造的条件而设计的，只有这样的机构才可以充分发挥数字科技所提供的能力。在追求数字原生的过程中，银行应在科技能力、组织架构、业务模式等方面对自身进行全面升级改造，打造数字原生的组织体系。

首先，要进行科技能力升级。

要想充分发挥数字科技能力，拓宽组织边界，银行需对自身数字化能力水平进行提升，这是数字原生的基础。

科技能力升级包括三个方面。一是架构升级。银行的 IT 架构应符合云原生、分布式、全栈信创基础等要求，并积极构建能力中台、数据中台、业务中台等，为前端应用提供高效支持。基础资源与能力中心要实现高效联动，并支持开放输出和无界服务。二是数据原生。银行应具备数据分析、挖掘、应用的模型能力和算力基础，能充分发挥数据价值，支持智能服务；可以将能力沉淀为数字资产，并通过数字资产管理和运维实现应用和增值，通过数据资产驱动经营发展。三是卓越运营。商业银行应通过数字科技实现运营成本压缩以及跨空间、时间的服务整合，降低运营成本，提高效率。

其次，要进行组织升级。

要想把数字科技属性充分发挥出来，达到数字原生的目标，只升级科技能力是不够的，还需要对传统银行的经营理念、组织架构、产品逻辑等进行配套升级。

组织架构要从传统总分制向矩阵式发展升级，要求扁平化管理、跨条线合作、业务科技无缝衔接。

创新理念和场景经营要深入血液，要能够敏捷应对创新需求，准确判断数字化产生的交叉领域和新兴场景信用需求，有效把控风险，积极突破创新。

产品逻辑要从数据资产出发，将流量、知识产权、虚拟资产等纳入产品初始覆盖范围，以数据驱动经营。摆脱对实体资产的依赖，向数据资产管理升级。

最后，要进行业务升级。

银行业务应基于数字原生的技术基础和全新的组织架构进行升级，打造社交化、网络化平台，从产品设计、营销渠道、风险管理等方面，向大数据、弹性服务、敏捷组织模式等方向转型。目前按照零售、对公等条线划分的业务，将按照不同的能力模块进行重新组织。

C 端业务，服务深入衣食住行各场景，实现场景互联，智能化满足个人的全生命周期需求。

B 端业务，深度了解产业特征，全周期对接金融服务，并通过银行连通各产业场景，实现平台联动，协调供给、需求，激发产业发展活力。

G 端业务，满足金融服务，同时整合政务场景，推动智慧城市升级，通过银行端口升级行政服务，提升治理水平。

2. 实现场景融合

场景是某种特定行为产生的条件。其中，"行为"包括消费、娱乐、社交、物流、制造等，而"条件"包括但不限于环境、时间、地点、空间等。也就是说，场景金融就是把金融服务与经济生产、生活的行为全面融合，使得金融可以无感、无界地发生，信用中介行为不再是一个特殊行为，从而将金融服务的成本降到最低。

场景既包括传统产业数字化升级产生的需求，也包括因数字经济发展产生的全新场景需求，比如数字资产管理、产业数联等。这就要求银行必须有能力及时有效地理解各场景的逻辑，不断发掘场景信用需求痛点，同时拥有相应技术基础和产品逻辑支持银行能力输出。

如果我们将金融行为产生的条件集成称为"金融场景"，将非金融行为产生的条件集成称为"非金融场景"，那么随着场景金融的发展，未来存在的场景将全部是金融行为与非金融行为相伴发生的"融合场景"，所有金融场景中的能力都将以组件的模式在"融合场景"中支持金融行为，银行成为所有场景背后的金融能力中心。

要想在"融合场景"中有效开展金融活动，完成服务开展、风险控制等，需要在银行提供场景金融服务的过程中注意场景要素构建。

一是能力基础。为提供场景金融服务，银行需具备相应科技能力和业务能力，包括可弹性扩展的架构体系、开放接入平台的能力，以及对信用流转中介能力的认知、分解、组合输出能力等，保证系统安全和金融安全。

二是流量创造。针对场景需要汇聚相关产业的流量，使该场景能够有效代表相关产业的发展，并形成大数据积累。

三是需求明确。对完成该场景经济行为进行判断，明确其中的信用流转需求，可通过相关能力组合或生态接入满足其需求。

四是金融闭环。通过数据分析、流程管理等动作，可以有效管理业务要素，把控金融相关风险。

五是价值生成。客户场景需求可为银行生成价值，包括但不限于财务收益、数据积累和经验能力提升等。

在通过场景金融建设"新银行"的过程中，还需通过以下五个方面不断提升场景价值，并做好跨场景协同服务，激活数字经济体系下实体经济的发展潜力。

银行要不断推动自身及能力建设。场景金融对银行的科技能力及场景理解能力都提出了要求，银行需要有针对性地进行科技能力建设，并对场景需求进行学习和定位。

要选择可靠的生态伙伴。仅靠银行自身进行多场景产品设计和机制构建，成本较高，可以考虑通过生态合作伙伴进行场景接入和产品共建，完成场景金融体系的建设和运营。不过，这要求生态伙伴具有很好的场景能力和可靠的资质。

不断挖掘场景价值。在场景金融中，银行要通过不断细化和捕捉客户特征及需求，挖掘客户价值、拓宽客户覆盖面，实现场景价值提升，促进银行价值提升和实体经济发展。

关注风险延伸。在场景金融建设过程中，除传统产业风险及金融风险外，会出现更多交叉领域及科技应用的风险延伸，需要银行给予高度关注、进行专业化处理。

除此之外，银行在为不同客户提供服务时还需要做到因人制宜。针对 C 端客户，应把握生活当中消费、社交、出行等高频场景，打造移动支付、数字货币、资产管理等服务模式，提供场景金融服务；针对 B 端客户，在物流、制造、贸易等场景，要有效把控风险点，实现可验真、可溯源，将实际经营情况与金融服务相互融合；针对 G 端客户，要通过智慧行政、智慧城市等，将缴费、交通、医疗等场景连接打通，实现政务与金融高效支持经济发展，提升人民生活的便利度。

3. 完善旅程服务

在金融场景中按客户需求进行产品调用和推介，只是以客户为中心的旅程服务的最初阶段。在数字经济的全新时代，以数据为驱动的动态数联网络将全面覆盖产业和生活，银行需要通过更加智能化、更加精准的服务模式和服务理念，为客户提供全生命周期信用支持，陪伴和引导客户成长，打造"客户旅程"模式。

完善的旅程服务应包括以下几方面。

一是服务动作闭环。对每一项产品输出和服务动作的执行，银行都要做到端到端全流程管理，梳理服务环节，降低运营成本。从产品设计、推广到后续评价反馈，实现全流程追踪，不断提升服务质量，打造极致客户体验，做到"操作即可得、响应即实现"。

二是全生命周期服务。针对客户整体服务，银行的旅程服务要在横向上为客户提供按需求的、全栈的信用服务——既包括金融服务，也包括基于信用流转的跨平台身份认证、数据资产管理、数据隐私保护等服务。这种服务应该是与需求相匹配的，同时具有前瞻性、引导性和智能化特征，能根据客户主体特性和成长特征有效地提供服务，提供全生命周期最极致的信用支持。

三是服务集成平台支持。在数字化经济中银行可以扮演集成服务和流转枢纽平台的角色，在金融服务的基础上有效地把控客户成长阶段，进而借助物联网和产业数联疏通供需流转，通过生态构建为经济体系全面数字化升级提供平台化支持。

旅程服务是一个运营体系，需要金融机构和各类生态合作伙伴共同提供支持。银行要加强客户中心、订单中心、流程中心、作业中心、体验回馈等环节的建设，融合产业互联网与实体经济，并在此基础上，咨询公司、金融科技服务公司、金融机构等生态伙伴共同发力，一个完善的客户旅程服务体系才能顺利构建。

在"新银行"的建设过程中，还需要特别注意以下几点。

第一，要从环境出发。

银行所处的经济环境是"新银行"建设的基础，产业数字化程度决定了"新银行"服务的渗透可能和数据来源等。银行在进行自身数字化建设之前，首先要判断自身发展战略相关经济领域的数字化状态，只有具备一定的基础，才能有效推动"新银行"的建设。在"新银行"的建设过程中，还要结合自身数字化需求和相关领域数字化发展特征，双向互动，推动产业升级。

第二，要着力攻克自身痛点。

在建设"新银行"的过程中，银行应结合自身的业务发展战略，从自身痛点出发。要参照数字原生、场景融合、旅程服务，对自身技术架构、业务架构、组织架构进行调整，营造数字化氛围，激发创新服务潜力；有针对性地选择生态合作伙伴，弥补能力缺陷，打造数字化服务生态。

第三，要选择个性化路径。

银行应根据自身的技术基础、业务基础，选择个性化的建设路径。

从技术架构出发，银行应全面重塑科技实力，以数字智能带动业务发展，进行技术架构、核心系统、营销渠道管理、数据治理能力等方面的升级。在这方面，可参考平安银行重塑业务模式，打造 AI 零售等方式。

从业务需求出发，银行应针对目标业务发展方向及场景发展需求，先跟踪业务需求，进而推动科技需求和组织架构调整，不断丰富基础能力以配合业务发展，建设开放平台、智能营销体系等，推动中台建设以提升业务能力。在这方面，可参考浦发银行的开放银行和全景银行建设模式。

第四，要聚少成多，不断进行局部优化。

投入体量不足或前期数字化能力较弱的银行可考虑在全面评估和进行整体规划的前提下，聚焦限制自身发展的特定方向，比如进行核心系统建设、数据中台、风控中台单项建设等，循序渐进地推动"新银行"建设。

投入体量充足、前期数字化基础良好、人才队伍配备恰当的银行可考虑多方向推进，在整体评估充分、有效规划的前提下可推动"新银行"快速建设，实现弯道超车。

值得一提的是，在"新银行"建设过程中，还有一个不可忽视的议题，那就是要把发展普惠金融作为一个重要方向。

2017 年，在全国金融工作会议的讲话中，习近平总书记把服从服务于经济社会发展作为做好金融工作要把握好的重要原则之一，他说："金融要把为实体经济服务作为出发点和落脚点，全面提升服务效率和水平，把更多金融资源配置到经济社会发展的重点领域和薄弱环节，更好满足人民群众和实体经济多样化的金融需求。"

随着国家政策红利的不断释放以及金融科技的持续进步，银行发展普惠金融已经成为一种必然。这既是银行作为金融服务机构应该承担的社会责任，也是抓住农村、小微企业等蕴藏着巨大潜力市场的良机。

因此，"新银行"要将金融科技与实体经济紧密结合起来，不断创新普惠金融产品和服务流程，不断提升普惠金融服务能力，从而找到一条可持续发展的普惠金融路径。这既能使银行自身获得巨大的发展空间，找到新的盈利点，也能推动国家普惠金融落到实处，为社会创造更大的价值。

面向未来的 Model Bank 5.0

"新银行"建设是一个系统化工程，必须形成整个数字化生态体系为之服务，其中既包括银行和各类金融机构，也包括提供相关技术支持和场景服务的金融科技企业。

作为金融科技服务企业，在银行业的数字化转型方面，神州信息也一直进行着创新与实践。我们最早做银行信息化时，一家大型银行的海淀分理处和天安门分理处所用的票据都是不一样的，那时候没有系统，我们就是在那样的基础上一步步完善，写出了中国第一本介绍金融数据模型的专著——《金融数据模型》。

这些年来，我们基于开放银行理念，汇聚人工智能、云计算、区块链、大数据与物联网等新技术应用，在金融安全的前提下，一直为银行架构升级和数字化转型贡献着力量。我们还发布了自有的银行 IT 架构整体解决方案，这个被称为"Model Bank"的架构，到现在已经迭代了五个版本。

2000 年，Model Bank 1.0 诞生，这个银行 IT 架构推动了国产化应用软件在金融行业的发展。在一个以国外大型机和综合业务系统为基础构建集中式架构的时代，综合业务系统向核心业务系统的转变发展成为现代银行应用系统建设的基础和重心。2005 年，神州信息成功发布国内第一个国产银行核心业务系统，打破了国外产品的垄断，大幅降低了核心系统的建设费用，开启了国内中小银行核心系统的建设序幕，推动了国内银行科技的发展。

2007 年，Model Bank 继续演进为 Model Bank 2.0。我们在行业中最早引入了面向服务的架构（Service Oriented Architecture，SOA）设计理念，一方面以业务流程为基础、以业务步骤为依据，实现了灵活多变的业务流程组合，极大提升了银行业务创新能力；另一方面以 SOA 完成 IT 治理，帮助银行构建整套的服务治理流程。

加入 WTO 后，中国金融行业逐渐开放，面临复杂而激烈的竞争压力，面对业务创新需求激增、IT 治理混乱等问题，Model Bank 2.0 指导银行开启以"客户为中心"的科技建设，改变了国内银行科技建设的无序性局面。

2010 年，Model Bank 3.0 引入了"产品族"概念，通过"产品族"对银行应用系统进行标准化划分，从前台、中台、后台共三个维度清晰划分银行业务系统和 IT 架构。

2015 年，Model Bank 4.0 实现了彻底的革新，引入"互联网"概念，助推银行向开放银行的方向发展。

2021 年，基于以下几个大的技术背景，神州信息又发布了 Model Bank 5.0。

第一，过去的系统都是一个个独立的应用系统，导致银行内系统都是"烟囱式"的⊖。尽管我们构造了总线结构，实现了系统之间的相互连

⊖　对传统垂直型架构的形象化描述，即企业内部各系统间服务与数据不共享，容易形成服务孤岛与数据孤岛，难以适应复杂、变化快速的业务。

接，整个体系也构建得非常稳健。但是在今天以场景、以客户为中心的新金融消费体系下，原有的结构就会显得有些笨重、不够敏捷。

第二，交易的处理和数据的处理是相对割裂的，导致数据价值无法快速地体现到业务上。在大数据时代，每一家银行都有大量的数据，但是，能将这些数据实时地体现在银行的服务中，体现在客户的体验中，体现在新产品的设计中的 IT 架构在目前是缺失的。

第三，IT 架构缺失或落后制约了综合金融服务能力、产业金融服务能力，特别是典型产业场景的快速服务能力。传统的银行核心和互联网金融核心之间究竟有什么样的关联，在以前的架构体系中是没有体现的。而在大数据时代，要想实现多元化的金融场景与智能化的金融服务相结合，加速推进整个 IT 架构的升级便成了当务之急。从传统的 IT 架构走向云原生和数字原生的发展，也为建立新的银行架构体系创造了条件。

此外，国家提出的信创工程也为我们提出了新的命题——如何在科技架构下保障国家安全体系的建设。

基于科技的发展以及银行业的变化，也为了满足银行业数字化转型的需求，Model Bank 5.0 应运而生。

Model Bank 5.0 是以数字技术为核心的、面向未来的银行 IT 架构，它能帮助银行融入场景，使我们想象中的未来银行成为现实。

这是因为，Model Bank 5.0 基于云原生和微服务体系，结合数据的实时分析能力，利用金融超脑的 AI 能力，能够全面释放应用系统的潜力，支撑数字金融的可持续发展。在业务支撑方面，Model Bank 5.0 以场景化、旅程化以及中台化的细分功能赋能客户的生产生活，构建银行从大零售、产业金融到投资领域不同方向的专业化金融服务体系，帮助金融机构创新业务模式和发挥数据价值，更好地服务于实体经济。

具体来说，Model Bank 5.0 以技术中台、数据中台和金融超脑为支柱，围绕着场景建设、旅程服务、能力输出、资源积累、组织管理五个层次的业务发展诉求，用清晰的数字化支撑能力，为金融机构 IT 架构演进提供方向性指引，如图 3-10 所示。

"场景建设"层是帮助拓展业务触角、提供统一交互体验、输出整体品牌形象的系统层次。一方面，帮助金融企业建成"柜台服务、移动服务、远程服务与客户自助服务"相结合的线上线下融合服务模式；另一方面，依托生态链系统体系，广泛开展跨行业合作，建立社群、供应链、交易市场等不同领域的融合场景，更好地将金融服务扎根于用户的生产生活过程当中，帮助金融机构实现场景与用户的连接，满足用户所需，赋能产业发展。

"旅程服务"层是 Model Bank 5.0 整体架构的核心层次，由用户旅程、产品服务和资金投资三部分相关系统组成，强调按照用户在特定场景下的不同服务需求定制千人千面的流程体验及产品服务，让用户宛如在高端旅行中一般，舒服自然地享受不同内容的金融服务过程。

"能力输出"层是金融企业将基础能力以集中方式向旅程服务输出的系统层，由业务层面的四个中台体系（内管中台、业务处理中台、营销中台和风控中台），以及负责基础技术能力输出的三个中台体系（数据中台、技术中台以及金融超脑）共同组成。金融超脑将提供整套 AI 能力应用，帮助业务系统和技术平台实现不同的智能化需求，以释放出更大的潜能。

图 3-10 Model Bank 5.0 的主体架构

　　"资源积累"层，强调数字化经营过程中通过湖仓一体技术沉淀的数据资源，如用户数据资源、外部数据资源、政府数据资源、机构数据资源等。"资源积累"层沉淀的数据资源再通过数据中台实现数据的实时分析、传输与利用，快速将数据价值释放到业务处理及经营管理过程当中。

　　"组织管理"层是整体架构面向金融企业监管、审计和经营管理等的系统层，是保障金融企业平稳运行发展的根基。

　　在 Model Bank 5.0 的整体架构中，通过数据中台、金融超脑对数据价值的重塑，"组织管理"层的相关系统会更加智能化，帮助金融机构由内而外实现组织管理的数字化转型。Mode Bank 5.0 所含的五个层次的系统都将在技术中台提供的统一微服务框架下，充分发挥分布式技术带来的性能和部署优势，实现整体的开发运维一体化智能管理，支撑起未来业务的高速发展。

　　数字时代，在云原生、数字原生等数字技术的支持下，我们应该及时转换视角，不仅从银行自身的视角还要从用户的视角看待业务。过去银行追求的是稳健，而从用户的视角来看，银行不仅要追求稳健，还要追求敏捷。通过双视角思考未来 IT 架构的发展方向，银行业务发展遇到的问题和瓶颈才能得到更好的解决。另外，我们还要充分利用在农业、税务等其他领域的经验和优势地位，结合新技术能力，在云原生系统建设、数据中台以及金融超脑的 AI 能力方面进行跨行业的金融场景建设，将金融的能力赋能到农业，赋能到供应链体系，赋能到实体经济，以实现实体经济的再次腾飞，为实体经济创造新动能。

基于云原生的技术范式创新

回顾过去数十年，新时代的到来、认知的颠覆驱动着我们进入数字化转型新阶段。然而，传统的技术范式无法支撑企业的商业模式创新与业务发展，所有企业，无论是行业巨擘还是中小微企业，都面临着未知的挑战——新的技术范式是什么，怎样变革？

基于云原生的技术范式很好地回答了这个问题，它带来了各种技术创新的融合与重构，对云计算的服务能力与互联网系统架构进行了整体性升级，使云成为一种基础设施，实现了用软件定义一切，从而深刻地改变了整个商业世界的 IT 根基。

范式颠覆是一种必然

在人类历史上，曾经爆发过无数次技术革命，每一次技术革命都能催生出新产品、新产业、新经济模式，并且形成与其相适应的技术范式。

什么是范式？要理解这个概念，我们可以以京剧为例。为了让人们更好地欣赏表演，简化人们的认知，京剧中以红脸代表忠义耿直、有血性的角色，以黑脸代表铁面无私、不苟言笑或粗率莽撞的人物，而白脸则多是奸诈多疑的角色……这可以使观众在看戏的过程中快速地理解角色。红脸、黑脸、白脸等就是范式，而技术范式就是我们在改造自然的过程中对环境要素的定义和使用的工具。数字化发展到今天，认知的颠覆必然导致技术范式的颠覆。而伴随着数字化的深入发展，建立在工业社会基础之上的旧技术范式正在逐渐被建立在数字社会基础之上的新技术范式所取代。

新一代 IT 技术，云计算也好，大数据也好，物联网也罢，都带来了新的应用场景，使数字化不再局限于过去少数的业务流程，而是使很多业务场景数据化、智能化，破除了边界，扩大了范围。与之相比，传统的系统只能支撑一些简单的应用，无法适应今天新的技术环境，更无法满足企业的新需求。因此，技术范式的颠覆成为一种必然。

当然，只是从技术变革的角度来理解这种必然性，是远远不够的。这种技术范式的颠覆有多个维度的原因。

从社会发展的维度来看，经济、政治和商业力量推动了技术范式的新陈代谢。在工业时代，军事需求根本性地创造了航空、核武器和许多其他技术，同时军事预算也为计算机技术的早期发展提供了大部分资金。而在数字化时代，企业的数字化转型逐渐向纵深发展，企业对算力的需求越来越大，这使得云原生、云计算、大数据、区块链技术等新一代信息技术的使用范围逐渐扩大，从某种程度上促进了这些新技术的蓬勃发展。

从生产方式的维度来看，新生产方式的出现促进了技术范式的颠覆。在数字化时代，生产方式出现了以下三个新的变化。一是大规模生产转向大规模定制。这要求产品必须不断创新，以满足客户更为广泛的个性化需求，客户体验在产业发展中扮演了更加重要的角色。二是刚性生产系统转向可重构制造系统。新型制造系统以重排、重复利用和更新系统组态或子系统的方式，实现快速调试与制造，具有很强的包容性和灵活性。三是工厂化生产转向社会化生产。数字技术的飞跃发展使大量物质流被虚拟化为信息流，除必要的实物生产资料和产品外，生产组织中的各环节可被无限细分，生产方式呈现出社会化生产的重要特征。旧的技术范式已经无法适应新的生产方式，新的技术范式适时而生。

从商业模式的维度来看，日渐兴起的新型商业模式丰富了新技术范式的内容。在数字化时代，出现了很多新的商业模式，如共享经济、平台经济等，新的产业也随之出现，比如网约车、共享单车等。新产业的发展需要新技术的支撑，而不断涌现的新技术，又形成了新的技术范式。

从社会信任的维度来看，互联网促进了全球的连接与互动，但与此同时，信任鸿沟又阻碍着这种连接与互动。现在广泛应用的数据库技术架构都是私密且中心化的，在这个架构上，价值转移和互信问题不可能得到解决，而区块链技术却能通过去中心化技术，在大数据的基础上实现数学（算法）背书，从而可以基于零信任建立彼此的信任，破解全球的互信难题。这也从某种程度上促进了技术范式的颠覆。

数字化时代的新技术范式最典型的特征是以云原生为核心，以大数据、物联网、云计算、可穿戴设备、区块链、人工智能等多种数字技术为通用技术。与一百多年前的电力技术、两百多年前的蒸汽机技术一样，这种新技术范式所包含的一系列通用技术正日益渗透到经济、社会和生活的各个角落，广泛应用于传统产业的各个领域。

普适计算之父马克·韦泽（Mark Weiser）曾说："最高深的技术是那些令人无法察觉的技术，这些技术不停地把它们自己编织进日常生活，直到你无从发现为止。"如今，新技术范式的通用技术体系正在成为与公路类似的一种基础设施，并正以前所未有的广度和深度，对旧技术范式下的产业组织形态、企业运营结构、资源配置方式、生产营销策略和经济发展模式进行着巨大的变革。这种变革将会带来我国传统的生产制造业、货物流通业和出口加工业等众多传统产业的改造升级，同时，也将会进一步推动文化、健康、环保等新兴战略产业形成新的经济业态和增长亮点。

随着新技术范式对传统领域的升级改造，越来越多的产业和企业将会实现数字化转型，甚至会像很多有先见之明的领军人物预言的那样，一切商业都将被数字化。

在一切数字化的技术范式中，以云原生为核心的通用技术不但是目前人类社会数据处理成本最低的基础设施，而且极大地提高了企业获取、处理、传递、存储、分析以及利用数据的效率，而企业数字化程度的提高，又进一步推动了数字技术的发展。

当然，这种升级改造和技术范式的颠覆并不是在一夜之间完成的。只有通过数字技术在社会经济各个方面的逐步应用，才能由量的积累引起质的飞跃，新技术范式才会从形成阶段进入稳定发展阶段。

云原生：一场新的"集装箱革命"

从大型机计算到云计算

科技的发展与变革，推动着时代的列车轰鸣向前。如今，曾经被视为"科技界的下一次革命"的云计算已经进入了云原生时代。从云计算到云原生，是技术范式的颠覆，更意味着一个以云为核心的新型计算体系结构正在形成。

很多人对云原生并不了解，更不理解这种技术范式颠覆的意义。首先，我们一起来回溯计算的发展历程，这有助于我们更好地理解云原生的由来和发展。

从计算机被发明出来到今天，信息技术先后经历了科学计算、商业计算和社会计算三个阶段，与之相对应，计算模式也经历了"大型机计算时代""PC 计算时代""云计算时代"三个时代，如图 4-1 所示。

大型机计算
时代

PC计算
时代

云计算
时代

图 4-1   计算模式的变迁

在大型机计算时代，大型机是计算行业的中心范式，IBM 是当之无愧的领导者。因为大型机太强大，也太昂贵了，1943 年，IBM 的董事长托马斯·沃森曾胸有成竹地说："5 台计算机足以满足整个世界市场。"不过，IBM 并没有因此放弃在计算领域的探索与创新。1946 年，IBM 研发出了采用真空管电路的 603 型电子乘法器，加法和乘法运算速度可以达到之前产品的 5 倍。1948 年，IBM 研发出了顺序可选电子计算器（Selective Sequence Electronic Calculator，SSEC），作为第一款可修改存储程序的计算机，其计算能力、处理速度、存储空间以及可编程性都得到了大幅提升。

1956 年，小托马斯·沃森成为 IBM 的掌门人。在晶体管、磁性存储等新技术不断涌现的时期，IBM 研发了 S/360 大型机，它是世界上第一个采用集成电路的通用大型机，兼顾了科学计算和事务处理两方面的应用，各种机器能相互兼容，并能满足每个用户的需要，可以说是一个"全能手"。S/360 是 IBM 有史以来最具革命性的产品，它改变了计算机的发展进程，开启了一个新的计算时代。从美国"阿波罗登月计划"的成功到全球商业模式的变换，都离不开 S/360 系列大型机的功劳。

当时代的列车驶入 20 世纪 80 年代，大型机逐渐被 PC 所取代，计算模式进入了 PC 计算时代。在这个时代，微软是绝对的王者。当时，微软创始人比尔·盖茨曾为公司提出一个明确的使命："让每个家庭的桌上都有一台计算机。"

微软的 Windows 图形化操作系统真正奠定了计算机向个人应用发展的基础，它完全改变了计算机面对的使用人群，将个人计算机带上了发展的高速公路，也使个人计算走入了人们的日常生活。

在其后 20 多年的时间里，随着个人计算机的普及，计算模式在企业应用和消费应用方面都发生了很大的改变。

中国有句古话："分久必合，合久必分。"计算模式的发展正应了这句古话，一直在分分合合中螺旋式上升。在早期的大型机计算时代，计算能力是"集中"的模式，大型机通过封闭和专有的并行计算架构集中了所有计算。而在 PC 计算时代则是分布式计算，计算能力分布在每一台 PC 上。但到了 21 世纪初期，当"云计算"的概念开始兴起时，计算能力又逐渐走向集中。

在 2006 年的搜索引擎战略大会（SES）上，时任谷歌首席执行官的埃里克·施密特第一次提出了"云计算"（Cloud Computing）的概念。不过，最早推出云计算服务的却是亚马逊。就在同一年，亚马逊公开发布了 S3（简单存储服务）、SQS（消息队列服务）及 EC2（弹性计算云服务），利用虚拟化这种经典的系统软件技术开创了"硬件即服务"的商业模式，使得计算资源可以像水电一样方便地提供给公众使用，正式宣告了现代云计算的到来。

但这一阶段只是云计算的萌芽期。从行业的视角来看，2008 年才是真正意义上的云计算元年。在这一年，亚马逊的云计算服务得到业界和大众的广泛认可后，越来越多的行业巨头注意到这个全新的市场，各种公有云产品如雨后春笋般出现：微软在这一年的微软专业程序开发人员技术博览会上公布了 Windows Azure 的技术社区预览版，正式开始微软众多技术与服务托管化、线上化的探索；谷歌恰好也在这一年推出了 Google App Engine 的预览版本，通过专有 Web 框架允许开发者开发 Web 应用并部署在谷歌的基础设施之上，这是一种更偏向 PaaS 层面的云计算进入方式；阿里云也是从这一年开始筹办和起步的。从 2008 年开始，云计算的时代大幕缓缓拉开，众多巨头入局，市场竞争日益激烈，与此同时，云计算的概念也逐渐走向清晰。

在云计算时代到来前，对企业的信息化来说，IBM、Oracle、EMC、英特尔等是无法绕开的几个名字。这些行业巨头们统治 IT 市场 20 多年，以一种类似"商业税"的方式持续地向使用它们的产品和服务的企业收取服务费。它们提供的服务的确给企业的信息化带来了技术上的便利，但也因其高昂的价格、滞后于业务变化，成为压在企业身上的一座大山，给企业带来沉重的负担。而在云计算时代，云计算服务的普及不仅为用户提供了弹性伸缩的经济性，还提供了一种泛在的可连接性。任何计算设备只要连上互联网，就能通过 TCP/IP 协议彼此互通。

这一时期，一些有预见性的企业已经开始拥抱云计算，流媒体播放平台 Netflix 就是早期利用云计算的实例。

Netflix 每月的视频播放量超过 10 亿次，但它并没有建立自己的数据中心。从 2009 年开始，Netflix 就购买了亚马逊的云计算服务，到 2012 年 11 月，Netflix 把所有 IT 基础设施都转移到了亚马逊的云端，确保用户无论使用移动应用还是使用浏览器，都能快速浏览视频。

通过云计算，Netflix 使自己的 IT 架构一直保持着高度的敏捷性与可用性[○]，比如，只用几天就能发布新功能代码，只用几分钟就能配置并启用新的硬件。Netflix 在公有云上构建了互联网上占用带宽最多的流媒体平台，并快速成长为颠覆传统电视行业的互联网巨头，这一切，都离不开其云计算架构的成功。

当各大巨头纷纷确立了向云计算进军的战略后，云计算进入了繁荣发展的时期。随着云平台的成熟和各式终端设备的出现，云计算的重心开始从提供云设施向为云应用提供支撑转移，应对复杂多样的应用需求成为云计算的一个关键点。在这一时期，很多企业在产品技术层面进行了有益的尝试，云端服务的能力与质量都获得了相当大的提升，这为云计算赢得了越来越多的关注和喝彩。

在过去 10 年里，国内云计算同样走上了一条辉煌之路。中国成了全球云计算增长最快的市场之一，中国云计算产业保持着 30% 以上的年均增长率。国内云计算的蓬勃发展离不开各级政府的积极推动。我国各级政府发布了一系列推动云计算及其相关领域和相关行业发展的政策，制订并发起了各种各样的云计划和云项目。比如，国务院在 2010 年就将云计算纳入战略性新兴产业规划，科技部、工业和信息化部等分别启动了云计算科技产业项目，各地方政府也启动了各种云计算项目。这使得中国云计算市场呈现出百花齐放的态势，很多企业如阿里巴巴、百度和华为等都在云计算领域进行了卓有成效的实践并逐步加大投入，阿里云、腾讯云和华为云还跻身全球云计算平台前十强。

○　可用性是根据某个考察时间内，设备或系统能够正常运行的概率或时间占有率期望值，衡量设备或系统在投入使用后实际使用的效能，是综合反映设备或系统的可靠性、可维护性和维护支持性的指标。

云计算与个人计算机、互联网一起被认为是历史上最重要的三次信息技术变革。如果说蒸汽机和电力的问世引发了人类历史上的两次工业革命，那么脱胎于互联网、被称作"革命性计算模型"的云计算，也将成为推动人类社会发展的核心动力。

云计算的发展是如此迅猛、如此快速，以至于我们无法预测未来十年会发生什么。

但有一点是毋庸置疑的，那就是云原生将成为最重要的趋势。云原生带来的系统性、颠覆性技术构架变革将重塑云计算生态，为云计算带来新的发展空间，释放巨大的云计算红利。

从大型机计算时代到云计算时代，计算模式历经几十年的发展变迁，在不知不觉中影响了每一个人、每一个组织，也带来了社会和经济的蓬勃发展。技术发展的脚步并未停息，云计算正马不停蹄地向着 2.0——云原生走去。

"生在云上，长在云上"

美国经济学家马克·莱文森（Marc Levinson）在他的著作《集装箱改变世界》里讲述了集装箱的发明史。这个像铁罐头盒一样的箱子看上去构造很简单，但它对海洋运输业的巨大影响，与亨利·福特的生产流水线对工业生产方面的影响如出一辙。集装箱使货物得以标准化装卸和运输，铁路、公路以及船舶等各种交通工具的货物运输（简称货运）都因此被整合到一个运输系统中，货运的效率和速度大大提升，安全性也得到了充分保障，更重要的是，货运成本大幅度下降。由此，货运进入现代化，货物贸易体系被彻底重塑，世界经济从此开始蓬勃发展，不同国家的生产和消费被紧密地联结在一起，这大大推动了全球一体化的进程。所以,《经济学家》杂志评价说:"如果没有集装箱,就不会有全球化。"

如今,在信息技术领域,云计算的出现和发展促使数字世界的"全球化"得以实现,而云原生则如同一场新的集装箱革命,引发了 IT 基础设施的创新变革。

为什么说云原生是一场"集装箱革命"?

如果我们将互联网看成数字世界里的海洋运输航线,那么,应用软件就是在这个航线上不断穿梭的"船只",而这些应用软件中的数据,就是船只里装载的"货物"。在传统 IT 架构中,每家企业都需要建造自己的"船只"来运输"货物",而这些"船只"(也就是应用软件)都要配备具有计算、存储、网络等完善功能的 IT 基础设施,这导致企业的 IT 成本高企。

云计算出现后,一些专门提供云计算服务的大型服务公司应运而生,它们就像是"货运公司",推出了一些大规格的标准化"船只",于是,其他企业就有了另一种选择——不用自建"船只",而是通过这些"货运公司"的渠道来运输自己的"货物"。

这种集装箱式的"货运"需要与之相适应的应用开发架构和运维管理模式,于是,云原生的概念由此产生。

现在,有很多人对云原生并不了解,会问:云原生究竟是什么?

关于云原生的定义,可谓众说纷纭。这是因为,云原生是一个颠覆性的新兴概念,没有确切的定义,而且由于它一直处于高速的发展变化中,其定义也在不断地迭代和更新,不同的社区组织或企业对云原生有着不同的理解和定义。

开源软件公司 Pivotal 是云原生应用架构的先锋。2013 年，这家公司的高级产品经理马特·斯泰恩（Matt Stine）最先提出了云原生的概念，这是他根据自己多年的架构和咨询经验总结出来的一个思想集合。2015 年，马特·斯泰恩出版新书《迁移到云原生应用架构》（*Migrating to Cloud-Native Application Architectures*），提出了云原生应用架构的主要特征：符合 12 因素（基准代码、依赖、配置、后端服务等）、面向微服务架构、自服务敏捷架构、基于 API 的协作和具有抗脆弱性。几经完善，到如今，Pivotal 官网对云原生的定义已经凝练为四个要点：DevOps、持续交付、微服务、容器化。

除了为云原生的提出和发展做出重要贡献的 Pivotal 公司，另一个不得不提的是云原生技术的推动者——云原生计算基金会（Cloud Native Computing Foundation，CNCF）。

CNCF 是由谷歌牵头发起并联合 Linux 基金会于 2015 年成立的。在云原生领域，它是影响力最大、最有话语权的组织。它致力于培育和维护一个厂商中立的开源生态系统，来推广云原生技术。基金会成员目前已有一百多家企业与机构，包括亚马逊、微软、思科等巨头。

CNCF 对云原生的定义是："云原生技术有利于各组织在公有云、私有云和混合云等新型动态环境中，构建和运行可弹性扩展的应用。云原生的代表技术包括容器、服务网格、微服务、不可变基础设施和声明式 API。这些技术能够构建容错性好、易于管理和便于观察的松耦合系统[⊖]。结合可靠的自动化手段，云原生技术使工程师能够轻松地对系统做

⊖ 松耦合系统一般是指在客户端与服务端之间加入了一个代理服务器的系统。客户端的角色不变，代理服务器承担起与客户端的通信工作和对客户端的识别判断工作，服务端对客户端来说不可见，只负责数据处理工作。松耦合系统中各组件的运行受不同平台、语言、操作系统或构建环境的限制。

出频繁和可预测的重大变更。"

根据这一定义，利用云原生技术可以研发出可弹性扩展的应用，这些应用能在各种环境当中运行，比如私有云、公有云、混合云等新型动态环境。

从某种意义上来说，云原生其实是一套根植于云的架构，在云端开发、部署、运行和维护应用软件的技术方法体系，其最核心的假设和最大的愿景，就是"未来的应用软件一定是生长在云上的"。云原生（Cloud Native）的"Cloud"，代表了应用软件不是存在传统的 IT 设备中的，而是存在云端的，而"Native"代表的则是应用软件从最初设计的时候就适应于云的环境，采用云端的技术，充分利用云平台的弹性伸缩和分布式特点，最终也是在云端实现了高效、稳定、安全的运行。所以，云原生使应用软件天然就"生在云上，长在云上"，并且采用了一种全新的应用软件开发、交付与运维模式，从而使云的能力得到最大化的发挥。采用基于云原生的技术和管理方法，企业可以更好地把业务生于"云"或迁移到云平台，从而享受"云"高效和持续的服务能力。

在数字化的今天，云原生产业保持着强劲的发展态势，云原生的概念已经得到了社区、企业和市场的广泛认可，云原生的一些热门技术也已经在众多的行业和领域中有了许多实践案例。越来越多的企业愿意将技术架构朝"云原生"演进，神州数码也在 2021 年 8 月举办的"TECH 数字中国 2021 技术年会"上发布了与云原生相关的技术战略。企业加速拥抱云原生，带来的是整个云原生生态体系的愈加完善，云原生将进入一个黄金发展阶段。

抓住机遇，乘云而上

2020 年 10 月，中国信通院发布的《中国云原生用户调研报告（2020 年）》指出，2019 年我国云原生产业市场规模已经达到 350.2 亿元。在数字经济大潮下，传统行业的数字化转型成为云原生产业发展的强劲驱动力，新基建带来的万亿级资本投入，也将在未来几年推动云原生产业的发展迈向新阶段。

与云原生有关的技术术语和技术产品层出不穷，不断推陈出新。在云计算发端之初，应用的开发环境还比较简单，当时还有"全栈工程师"，这意味着如果不考虑开发周期的因素，一个人就能完成整个应用软件的研发。然而，现在这个称谓已经名不符实了，很少再有一个人甚至一个企业能够全面掌握和云原生有关的所有技术栈。即使是云原生技术的应用者，要想全面地了解与云原生有关的技术，做到合理架构、恰当选型，以及顺利完成集成、开发和部署的全过程，难度也比过去更大。正因为如此，大多数企业必须广泛依赖云计算平台提供的服务。这为软件行业的解决方案提供商带来了新的市场机会。谁能为数字化转型企业提供友好的应用开发和部署环境，谁就能够获得和保有客户。

如今，有一批企业已经抓住机遇，乘云而上，实现了弯道超车。

1. 起始于云的行业颠覆者：Salesforce

Salesforce 创立于 1999 年 2 月，它提出了"软件即服务"（SaaS）的概念，是 SaaS 企业的"鼻祖"。2020 年 7 月，Salesforce 市值第一次超过数据库软件公司 Oracle，这是 SaaS 发展史上的一个重大里程碑事件。Salesforce 是 CRM（客户关系管理）软件市场的绝对领导者，市场占比高达 17.3%，遥遥领先于排在其后的 Oracle（5.5%）及 SAP（5.3%）。

对于传统的软件工具，企业除了购买软件本身，还需要购买、构建和维护相应的 IT 硬件设备。SaaS 的出现为企业提供了另外一种解决方案：借助 SaaS 平台，企业只需要通过网络注册使用账号，并在自己的设备上进行一些简单的设置，即可启用所需的软件服务。

Salesforce 的创新不只在于产品，还在于其独特的商业模式。Salesforce 想让软件成为像供水、供电、供气设施一样的基础设施，因此，它启用了简单的订阅式服务。这一创新使得企业服务乃至整个软件市场都发生了天翻地覆的变化，从此以后，软件光盘变成了包月或包年的 SaaS 服务，专人销售模式也变成了低成本的在线订阅模式。

这种迭代不仅简化了内部管理架构，大幅降低了服务价格，同时也将企业用户的固定资本投入转化为运营性的投入，将云服务的概念传递给世界，并为软件市场带来全新的商业模式。Salesforce "云端颠覆者" 的自身定位，可谓名实相符。

2. 云原生造就的迄今为止最大规模软件业融资：Snowflake

有一句谚语叫 "不要重新发明轮子"，这句话在互联网开发领域广为流传，意思是对于已经成熟的解决方案，就不必再投入精力了。然而，当新旧时代交接，新认知带来新技术时，这句话就不适用了。技术的更迭就是 "不断重新发明轮子"，这造就了很多伟大的公司。2020 年 9 月，云计算公司 Snowflake 上市，创造了史上规模最大的软件业融资案例。这家公司的业务是听上去并不新鲜的数据仓库，其市值暴增背后，很大程度上意味着资本开始押注云原生的未来。

Snowflake 的发展历程，既是云原生技术体系逐步实现商业化落地的过程，更是以创始人弗兰克·斯鲁特曼（Frank Slootman）为代表的几位商业奇才和技术天才长达 20 年不懈探索的过程。它的成功，看似意外，实际上却是一种必然。其秘诀就在于以数字时代的认知，提供了与时代匹配的技术架构。

在数字时代之前，"降本提效"从来都是当企业发展到一定规模后才会考虑的事情。而数字时代，企业面对的客户需求在不断变化，数据在不断积累，企业边界逐渐模糊，即便按 SaaS 模式，数据仓库之类的系统级软件也通常需要按固定年费提前支付。尤其对于需要快速迭代的成本节省型产品，由于无法量化往后的使用程度或深度，客户更加难以衡量投入产出比，所以仍会造成一定的使用门槛。

斯鲁特曼认为这是不平等的：收费被前置，效果却被后置；使用过程不透明，成本无法量化。而 Snowflake 的存在就是为了解决以上这些"黑箱"问题。

因此，Snowflake 创造了一种全新的商业模式——将客户的数据作为资产模型进行管理，客户不用再提前支付一笔固定年费，平台将根据客户在使用过程中实际消耗的计算和存储用量进行结算，从而实现数字化的成本可测。基于对单位资源消耗的真实统计，客户得以将新模式各个环节的投入与传统模式下的进行对比，最终获得与预测报告中一样精准的投资回报率，这实现了数字化的回报可测。而能够支撑更为真实的"按需付费"模式的背后，是全新的产品设计和技术架构——云原生。

弹性扩展、动态扩容是云原生技术的两个典型特点。这些特点使得 Snowflake 的价格更便宜，扩展更具弹性，分享更容易，并因此赢得了客户的青睐、市场的肯定，创造了令人艳羡的成绩。

3. 云原生下的国资云与神州信创云

自从云原生出现之后，企业就有了一条能够让应用最大程度地利用云的能力、发挥云的价值的路径。未来的软件一定是"长"在云上的，所以，从计算机出现以来的所有应用，都有必要用云原生的架构全部重新做一遍。不过，从目前的发展情况来看，IT 系统的资源层已经云化，但是应用层的云化才刚刚开始。对很多企业来说，拥抱云原生最大的困难不是搭建云平台，而是应用迁移上云。这一点在我国正在推动建设的"国资云"上更为显著。

国资云，是指由各地的国有资产监督管理委员会（以下简称国资委）控股的云计算厂商打造的私有云，服务国资企业上云。2020 年 9 月，国务院国资委印发《关于加快推进国有企业数字化转型工作的通知》，旨在促进国有企业数字化、网络化、智能化发展，提出建设基础数字平台等数字化转型工作。在此指导下，地方国资委陆续开启地方国资云平台项目建设。天津市、浙江省、四川省等均已经开始部署。

国资云底部的 IaaS（Infrastructure as a Service，基础设施即服务）层基本由地方国资委主导建设，设备应该都会采用信创产品；中间的 PaaS 层和顶部的 SaaS 层，也需要第三方云公司提供服务。国资云的建设，有利于大力推动云的建设和转型，同时也对云原生技术架构的支撑能力提出更多、更高的要求。除了底层需要基于信创基座之外，不同于提供众多内置管理或开发工具的公有云，国资云还需要建立云管平台，提供运行管理的服务，建立应用开发环境，等等。这就需要众多云厂商一起合作提供服务。

基于此，我们提出了全栈自主可控的神州信创云。神州信创云基于数字资产与共享、用户连接、数字原生场景构建、数据驱动的自组织等数字时代的新认知，提供了自主知识产权的、基于信创的云原生技术栈。

整个神州信创云的能力模型和特点，我们总结为"1162N"，核心是强底座、全能力、专服务、贴业务。第一个"1"是"一底"，是软硬结合可定制、可信赖的云数据中心。第二个"1"是"一云"，是提供容器云和公共服务的技术平台。"6"是指能力中枢提供的六方面核心能力与服务，如大数据服务、IoT（物联网）服务。"2"指的是两种能够提供个性化、可定制云的专业化支持和服务。"N"则是指"N贴"，贴近业务市场，产品化输出我们的技术能力，支撑前端的业务，并且给前端业务数字化赋能，支撑我们的国资云、行业云。

具体来说，神州信创云由四部分组成。第一部分是能力底座，提供基于云原生的、软件定义的数据中心的框架。我认为，能够面向各行业数字化转型提供一个安全可靠的底座，是数字化服务企业提供各类云数据中心服务的核心基础。这个能力底座使神州信创云具有更多功能，比如：面向信创，它可以提供信创云的服务；面向行业，它又可以提供专有云的服务。同时，我们还利用既有的、成熟的数据中心所具备的设计、集成、运维能力，确保数据中心的高水平和高安全性。能力底座"稳"了，在上面跑的应用才能"顺"。

第二部分是"能力杠铃"，通过各类工具使国资云或企业的混合云资源能够实现统一管理，实现数据资产的有效管理。这里的"杠铃"是一个很形象的比喻，中间的"杠铃杆"是容器云平台，支持国产芯片和操作系统，提供开箱即用的公共服务，比如开源的中间件、数据库和优秀的软件服务。杠铃的一端是云服务，包括云的咨询、建设、迁移、运维、运营等服务；另一端是管理服务，包括混合云管理、自动化编排、一体化运维、多云计费和服务台等管理服务。如果说第一部分的能力底座是神州信创云的基础，那么"能力杠铃"就是信创云的软基础，它对第三部分的能力中枢起到了支撑作用。

第三部分是能力中枢，汇聚了诸多分布式应用，使业务数字化。能力中枢包含六种核心能力与服务。一是分布式应用数据的支撑服务，包括分布式调度、微服务、全自动化测试等；二是大数据服务，包括获得国家技术发明奖一等奖的燕云 DaaS 大数据开采融合平台，以及智能分析、存储分析和安全数据脱敏等相关的数据服务；三是 AI 服务，能提供认知和感知能力；四是 IoT 服务，能提供物联网的感知和管理能力；五是价值互联网区块链服务；六是全域安全服务，包括移动网络安全、数据库审计、量子密钥分发等服务。这六方面基本覆盖了当前大数据应用的主流需求，可以帮助用户快速、有效地实现企业核心资产的数字化。

第四部分是能力市场，这是整个神州系应用的生态市场，神州系所有的产品和解决方案都放在这个市场里，客户通过云的市场就能够找到合适的方案。

可以看到，拥抱云原生，贴近云端，将是未来"面向企业市场"赛道持续火热的话题。借助数字技术实现跨越式发展的良好时机已经到来。要想赶超，就必须从未来看现在，而不是模仿或跟踪，只有通过颠覆性创新，才能真正实现独立自主的技术发展路线，解决卡脖子的问题。神州信创云是我们现阶段交出的答卷，这张答卷还在持续地丰富和完善，我们将会继续构建基于云原生的产品，提升技术及服务能力，扩大在云原生领域的竞争优势，成为更好的数字化服务企业。

软件正在重新定义世界

软件赋予硬件灵魂

与传统的数字化方式相比，通过云原生来推动企业的数字化转型，不但更便宜，而且更高效，这也是云原生得到快速普及的一个重要原因。而云原生的蓬勃发展，为 IT 世界带来了一个巨大的改变，就是用"软件定义世界"的思维模式去思考和推动数字经济的发展，从而使"软件定义"逐渐取代"硬件定义"，成为万物互联的基础，使人类迈进了软件定义的新天地。

软件定义（Software-defined）最初的含义是用软件去定义系统的功能，用软件给硬件赋能，实现系统运行效率和能量效率最大化。然而，到了数字时代，其含义发生了根本性的变化。

要想认识这种变化，我们要从软件开始讲起。

从宏观层面看，在人类的发展历程中，数字抽象化具有里程碑意义。因为有了从羊群、土地等具体概念到数字、定理等抽象概念的转化，世界才变得更加简单，更加易于理解。数字抽象化，贯穿了人类各行各业的发展史。正因为如此，毕达哥拉斯笃定世界的本质是数学，构成数学的数字有着无穷之美。

而数字抽象化得以发展的基础，是信息、认知、经验的处理、融合、传递、交换。计算机科学教授梅拉妮·米歇尔（Melanie Mitchell）说："简单明了的物理学世界只存在于教科书之中，我们面对的是一个纷繁复杂的世界。"纷繁复杂的世界中存在着无限的公式、定理与规律，数字让人眼花缭乱，人类在面对海量数据时更是手足无措。黑暗之中闪现出一道光芒——软件，成了人类认知复杂世界的工具。数据是无序的，而软件逻辑是有序的；数据是发散的，而软件是收敛的。以软件为工具，人类可以将自身对世界的认知不断扩张、外延。

什么是软件？计算机系统是由软件和硬件组成的，硬件是人们看得见、能实际操作的机器设备；软件伴随着硬件而产生，是一系列按照特定顺序组织的计算机数据和指令，用户主要通过软件与硬件进行交流。我们可以用计算机做很多事情，但无论计算、组织管理、工程设计，还是听歌、玩游戏，都是在软件的驱动下进行的。软件赋予了硬件智慧和灵魂，帮助人们更方便、更高效地使用计算机。如果计算机没有了软件，就会变成一堆毫无用处的机器设备。

早期，为了适应大规模生产的需要，也为了降低制造的复杂度和成本，产品的很多功能都固化在硬件里，其主要业务逻辑是在硬件中实现的，我们可以将这种方式称为硬件定义。在硬件定义的产品中，软件发挥的作用是辅助性的，并且完全依赖于硬件提供的接口。在这一时期，产品的功能从来都是由设计工程师开发设计出来的，用户只能全盘接受并适应，很少有话语权。

但是，从诞生之初，软件就不只有"辅助"属性，还具有更重要的"控制"属性。早期软件之所以只能发挥辅助作用，是因为作为载体的硬件只包含显示器、打印机等外部设备，软件运行的结果通常需要以数据、影像或者声音等形式由硬件显示出来，并且这些结果并不需要形成"闭环"，只要能满足辅助人进行决策的需求就算完成使命了。

随着多样化、个性化定制需求的日益增长，以及云计算对智能化、自动化要求的提高，硬件定义的方式已经无法满足用户需求，因此逐渐被淘汰，由软件来操控硬件资源的需求却越来越多、越来越广。而硬件的发展也使软件有了更多用武之地——随着工业水平的不断提高，硬件范畴逐渐拓展到所有与计算机连接的工业设备，这使得软件有了充分发挥控制作用的基础。当软件被用来驱动物理设备时，物理设备的每一个细微动作都会被其感知到，并通过传感器进行反馈，然后软件根据物理设备的实时工作场景进行计算，根据内嵌的机理模型或推理规则进行决策，从而向物理设备发出下一步的最优化、最精准的动作指令。

这个从硬件主导到软件控制的转变过程，在很多工业设备的升级换代中都有所体现。比如，早期的空调里面也有软件，但相对固化，不提供或者提供非常少的接口，缺乏灵活性。那时，我们只能对空调的开关、温度进行设定。后来，空调的遥控器上又出现了更多的设定键，如风速、风向等功能的设定键。而到了智能家居时代，通过向应用软件开放空调的编程接口，我们能在回家之前就借助手机开启并设置空调。

就这样，软件定义取代了硬件定义，并逐渐发展成为工业设备的"大脑"。软件可以不依赖于人的决策而进行全流程的计算运算，并通过这些计算运算来驱动硬件，为硬件赋能，使硬件具备多样化的、不断演进的功能和效用。

从传统手机到智能手机的进化，充分体现了软件定义的魅力。过去，手机只是一个功能简单的通信工具，最主要的功能是打电话、发短信，虽然有显示屏，但只能显示通讯录、短信、设置等少数信息。但软件定义的兴起，使手机产生了飞跃性的发展，从诺基亚引领的功能机时代进入 iOS 和安卓支撑的智能机时代。安装了各种软件的智能手机不再只是一个通信工具，而是变成了一个移动的多媒体中心——游戏、音乐和视频软件使其具备了娱乐功能，微信等社交软件使其具备了社交功能，淘宝、京东等购物软件使其摇身一变成为"掌上商城"，腾讯会议、钉钉等移动办公软件又使其成为工作处理平台。

软件定义不仅改变了手机这种产品，也为整个手机行业带来了巨大的变化。过去，手机产业是一门纯粹的硬件生意，只有生产制造它的手机厂商才能从中赚取利润。而在软件定义时代，软件和服务都实现了商业化，从硬件的生产制造到软件服务的提供，整个产业链的参与者都可以分一杯羹，各个细分市场的规模也都出现了指数级的增长。

到了数字化时代，软件定义的对象不只是硬件，它逐渐发展成为一种以软件为中心的设计方法，它不仅对工业设备发挥着"定义"作用，还深入了更多领域。

比如软件定义的数据中心，是迄今为止最有效、恢复能力最强、最经济高效的云计算基础架构方法。通过对存储、网络连接、安全和可用性应用的抽象、池化（Pooling）和自动化，整个数据中心由软件自动控制。基础架构提供的服务由此聚合起来，并与基于策略的智能调配、自动化和监控功能结合在一起使用。应用编程接口和其他连接器支持无缝延展到私有云、混合云和公有云平台。

现在，软件定义已经呈现出迅猛发展的态势，融入工业发展以及经济社会发展的各个环节，并因此受到了越来越多的关注与重视。2021 年 11 月 30 日，工业和信息化部发布了《"十四五"软件和信息技术服务业发展规划》，"软件定义"第一次被写进国家层面的发展规划，并得到了高度认可："软件定义是新一轮科技革命和产业变革的新特征和新标志，已成为驱动未来发展的重要力量。软件定义扩展了产品的功能……赋予了企业新型能力……赋予基础设施新的能力和灵活性，成为生产方式升级、生产关系变革、新型产业发展的重要引擎。"

网景公司创始人、风险投资家马克·安德森（Marc Andreessen）曾经提出了一个著名的观点："软件正在吞噬整个世界。"在他看来，软件无处不在："越来越多的大型企业及行业将无法离开软件，网络服务将无所不在，从电影、农业到国防。许多赢家将是硅谷式的创新科技公司，它们侵入并推翻了已经建立起来的行业结构。未来十年，我预计将有更多的行业被软件所瓦解。"如今，他的观点已经成为现实。

软件定义一切

现在，我们已经逐渐步入一个软件定义的时代。

软件定义网络（Software Defined Network，SDN）将数据与控制分离，使 IT 团队可以通过软件编程的方式对网络进行动态灵活的控制，打破了传统网络设备的封闭性，使网络变得更加开放、标准、低成本，让人们能够更加便捷、高效地使用网络资源。它带来的是网络领域的根本性变革，也极大地推动了下一代互联网的发展。

软件定义存储（Software Defined Storage，SDS）将软件从原有的存储控制器中剥离，使它们的功能可以得到更大的发挥，而不必受物理系统的限制。它还能通过软件和管理进行部署和供应，使数据中心的服务器、存储、网络以及安全等资源得到更合理的分配。有了 SDS，混合云、数字化转型等工作就有了必需的灵活存储基础。

软件定义计算（Software Defined Compute，SDC）将计算功能从硬件中虚拟化和抽象化，实现了硬件资源与计算能力的解耦，将计算能力以资源池的形式提供给用户，并根据应用需要灵活地进行计算资源的配置，只需投入很少的管理工作就能驾驭网络。

软件正在重新定义这个世界，重新定义所有我们能想到的东西。

未来的世界将变成软件定义的世界，变成一个人、机、物融合互联的世界。

在这个崭新的世界里，固有格局会被彻底打破，各行各业都会出现颠覆性的改变。现在，我们已经亲眼见证，软件定义正在改变汽车行业。

过去，汽车是一个硬件定义的工业化产品，人们在谈到汽车行业的时候，经常会用"传统"和"落后"这样的形容词。当其他行业已经进入日新月异的智能化时代时，汽车产业的创新却仿佛走进了死胡同，仍然停留在"电子定义汽车"的阶段。而特斯拉却用软件定义的逻辑，赋予了封闭的汽车产业新动能，使汽车产业开始了互联网化、智能化的转型。

特斯拉走的是一条与传统汽车制造企业完全不同的、从未有人走过的路。特斯拉希望制造的是由软件定义和数据驱动的智能汽车，因此，它将软件视为汽车生产的核心，必须进行自研。其核心软件，如电池管理、整车 OTA（Over The Air，空中下载）、电控系统、自动驾驶等都是由自己定义架构、自主开发、快速迭代的，在特斯拉的团队中有很多软件架构师和开发高手。除此之外，其他的部分尽可能采取与外部企业合作的方式。只有对于那些市场上实在找不到合适的产品的部分，才自己研发。

最能体现特斯拉汽车智能化水平的，是其自动驾驶功能。马斯克利用第一性原理对自动驾驶进行思考，他认为，既然人类可以利用眼睛和大脑驾驶汽车，那么，如果给汽车配置视觉设备和运算系统，汽车就可以实现自动驾驶。所以，马斯克投入了极大的精力研发自动驾驶技术，并且果断地采取快速纠错、快速迭代的渐进式打法。

为了能更高效地实现不断迭代，特斯拉自研的 Autopilot（自动辅助驾驶系统）从刚开始设计之时就明确了一个原则——"硬件先行、软件更新"。硬件通常两三年才会更新一次，而相对来说，软件的更新频率非常高，经常一两个月就进行一次升级换代。以特斯拉 Model 3 为例，这款车虽然早就安装了支持 L3 级以上自动驾驶的硬件，但即便购车者花钱选装了完全自动驾驶模块，其功能也并不是全部解锁的，而是需要随着算法的优化进度，以 OTA 在线升级的方式不断完善。

现在，通过 Autopilot，特斯拉可以实现自动泊车、自动辅助变道、自动辅助导航驾驶、智能召唤、识别交通信号灯和停车标志并做出反应，以及在城市街道中自动辅助驾驶。当然，特斯拉的智能体验不止于此。有人说，特斯拉汽车就是汽车行业中的"iPhone"，特斯拉的购买者拥有的是一台越来越聪明的汽车，相比绝大多数传统汽车随着时间的推移不断丧失价值，这种智能汽车却能始终维持高价值。

作为软件定义汽车的引路者，特斯拉为汽车行业带来了很多颠覆性的改变。首先是商业模式的改变，过去汽车厂商卖的是车，而现在智能汽车厂商卖的不光是车，还卖软件和服务。软件越来越多地参与到汽车的设计、开发中，同时将会贯穿用户的整个用车周期。或许有一天，软件服务收费会成为汽车厂商最核心的商业模式。其次是评价标准的改变。过去，人们在评价一辆车的时候，看重的是性能、油耗、外观、内部空间等指标，但在软件定义的时代，人们更关注的是它的自动驾驶、人机互动等用户体验，因为定义汽车价值的已经不再是传统的技术与性能指标，而是以人工智能为核心的软件技术。最后是汽车厂商角色的改变。过去，传统的汽车厂商只是单纯的制造商，而现在，越来越多的汽车厂商开始向移动出行服务供应商转型。

这就是软件定义的力量。不只是在汽车行业，在很多领域，软件定义都已然成为一个重要推手，极大地提高了各个行业的数字化程度和整个社会的数字化水平。

比如，在物联网领域，过去占据主流的是智能化的单品，但随着软件定义的兴起，智能生态已经成为一种必然趋势。企业与用户之间不再通过单一硬件的功能进行连接，而是有了更丰富的形式，如通过数据和算法打造的个性化场景进行连接。软件定义使这些企业的价值链得到了极大的延伸。

再如，在工业领域，云计算、大数据、区块链、人工智能等数字技术已经走进了行业深处，形成了一套套软件化、可移植、可复用的行业解决方案。如今，"先进制造"早已不是一味地采购最新款的硬件设备，而是通过软件定义让企业更大幅度地提高效率，创造更高的价值。

我们的思路甚至不应局限于生产制造领域，软件不仅定义了产品，定义了企业，更定义了我们的生活方式，智慧社区、智慧交通、智慧城市等新事物的不断涌现，将会让我们更全面地感受到软件定义的魅力，让我们走进一个可编程社会。

未来社会：一切皆可编程

一些物联网企业认为，未来的世界一定是万物互联的，因此需要万物可管、万物可视。但为什么要万物互联？很多企业并没有认识到背后的深层原因：万物互联的数字化世界能实现更快、更高效的资源配置。

物联网，其实是要将所有的现实资源都变成计算机的外设，最终能像云计算一样实现高效的资源动态配置。

当这一演进最终完成后，人类社会将进入可编程社会的新纪元，到那时，程序就像空气一样，成为整个社会的必需品，货币流通和经济运行都要依托程序和智能合约来进行。

"可编程"其实并不难理解。过去，很多物品都是不能编程的，比如椅子、衣服等。如今，数字技术的发展使这些物品也可以编程了，它们也能自动地做一些事情，比如：椅子可以有记忆功能，能记住用户的最佳坐高，如果用户对坐高进行了临时调整，它会自动恢复到最佳坐高；椅子还可以根据季节自动调节温度，夏天的时候自动变凉，冬天的时候自动发热，为用户提供更好的体验。

除了物品，货币也可以被编程。比如，人们在淘宝上购物时，往往会用支付宝来支付，但在我们下订单时，这笔钱并没有进入商家的账户，而是暂存在支付宝里，在我们收到货物并确认收货后，这笔钱才会自动拨付给商家，这也是一种编程。这种方式并没有使货币发生变化，而是通过结算系统和银行第三方资金托管，以及政府的有效监管，确保其安全性。我们也可以这样理解：通过"货币＋支付宝＋银行资金托管系统＋结算系统＋政府监管牌照"这个系统，货币被编程，在使用方式上变得更加智能化。

这种可编程的特性，让人与人之间不必花费时间去建立信任关系就能交易，甚至可以基于零信任进行交易。比如，我们现在可以放心地用支付宝、微信支付，但不敢用一个小公司的支付工具支付，因为它无法确保支付安全。而可编程的货币，在编程逻辑上消除了信任需求，因为程序由计算机执行，运行结果可以预先确定，一个人不需要信任另一个人，也可以与他进行交易。

比如，现在我们使用网盘需要向百度、腾讯这些企业购买，而在可编程社会，可能就会有人开发出一种应用，使我们可以向世界上任何一个人购买硬盘空间。我们向硬盘空间上传加密后的文件（只有自己才能解密）后，应用就会自动拨款给他。我们和他并不认识，但他不害怕收不到钱，我们也不怕对方关机。因为所有这些规则都已经通过智能合约进行了编程，他履行了存储责任才能收到报酬，而我们的数据也会分散到各个不同的空间，实现容错冗余。

在未来的可编程社会，一切皆可编程，智能的桌子、椅子、车都能做出适宜的决策，而且，这些"物"由于内嵌了能够自学习的程序，其行为还会不断完善、调整，变得更加智能，更能满足用户的需求。这不是一种幻想，现在已经逐渐变为现实。

从工业时代到信息时代，再到现在的数字时代，当万事万物乃至城市、社会环境都通过软件定义被逐一联通、被编程时，人类将进入一个"可编程社会"，这一天，或许已经不远。

拥抱开源与开放

软件定义时代的到来，使越来越多的人认识到了软件的巨大价值。《"十四五"软件和信息技术服务业发展规划》中也对此进行了总结："软件对融合发展的有效赋能、赋值、赋智，全面推动经济社会数字化、网络化、智能化转型升级，持续激发数据要素创新活力，夯实设备、网络、控制、数据、应用等安全保障，加快产业数字化进程，为数字经济开辟广阔的发展空间，促进我国发展的质量变革、效率变革、动力变革。"因此，如何充分发挥软件的作用，成了值得人们深思的问题。拥抱开源与开放，或许是一个答案。

2001 年，软件开源运动的发起人埃里克·S. 雷蒙德（Eric S. Raymond）出版了被誉为"开源圣经"的《大教堂与集市》。在书中，他用"大教堂"和"集市"这两个易于理解的形象来代表两种不同的软件开发模式。其中，"大教堂"模式指的是自上而下进行软件开发，它是封闭的、垂直的、集中式的，由一群精英进行顶层设计，然后按照既定的计划去执行，最终完成任务。而"集市"模式，指的是自下而上进行软件开发，在这个模式中，没有人占据主导地位，所有人凭借的是普通开发者的自组织，汇聚集体的力量和智慧共同完成复杂的任务。与"大教堂"模式相比，"集市"模式的特点是并行、点对点、动态，以及重视多人协同。虽然开发环境看起来混乱无序，但是人们在这种模式下却能设计出极具效率与生命力的软件，比如 Linux 这种世界级的操作系统。埃里克·S. 雷蒙德认为，随着互联网的深入发展，越来越多的"大教堂"会消失，而"集市"却会更加繁荣，原因就在于开源。

这本书彻底颠覆了传统的软件开发思维，给整个软件开发领域都带来了深远的影响，开源运动也从此有了自己的"独立宣言"，开始如火如荼地发展起来。越来越多的企业意识到了开源的价值——站在"巨人"肩膀上可以有效地避免资源浪费、促进持续创新、实现快速迭代。微软、谷歌等纷纷加入开源运动，开放、平等、协作、共享的开源模式渐渐发展成为新一代软件开发模式，并成为科技产业发展的重要驱动力。微软以 75 亿美元收购世界上最大的代码托管平台 GitHub，IBM 以 340 亿美元收购企业开源技术领导者红帽等，都表明了开源的价值。

数字时代，在经过云计算、云原生等一系列技术变革后，开源软件进入了迅猛发展的新时期。如今，开源已经成为软件设计与研发的主流模式，据《"十四五"软件和信息技术服务业发展规划》公布的数据，"全球 97% 的软件开发者和 99% 的企业使用开源软件，基础软件、工业软件、新兴平台软件大多基于开源，开源软件已经成为软件产业创新源泉和'标准件库'"。

在以云原生为核心的新技术范式中，有很多核心技术，如人工智能、边缘计算、Kubernetes[⊖]等也都是开源技术。云与开源本身就是密不可分的，云是开源技术的一个重要的落地载体，云上大量使用开源技术，而使用开源技术的很多企业也把业务构建在云上，所以，云原生与开源生态的共同繁荣至关重要。现在，云和开源厂商之间的合作已经越来越紧密，这是一种双赢——云能够通过售卖多家开源厂商的技术来达到完善产品矩阵的目的，而开源厂商通过对接不同的云来保持自己的独立性，两者协同，共同生长、共同繁荣。

如今，世界上各个主要国家都在积极地利用开源技术促进技术创新和产业发展，在云原生、大数据、人工智能等多个领域，形成了一批很有影响力的国际开源基金会和开源平台，比如 CNCF。我国也主动参与到开源生态的构建中，国内开源领域迎来了蓬勃生长的"春天"，大批成果涌现出来：开放原子开源基金会挂牌成立；木兰（Mulan PSL）获得开源促进会（Open Source Initiative，OSI）的批准，成为中国第一个国际通用开源协议；工业和信息化部等部门联合 Gitee 建设中国独立的开源托管平台……现在，在开源领域，我国与西方发达国家的差距正在逐步缩小，在某些方面甚至已经实现了赶超。

越来越多的国内科技企业也在拥抱开源与开放。华为是国内最早使用

⊖　Kubernetes，简称 K8s，是一个开源系统，用于管理云平台中多个主机上的容器化的应用。

开源软件和参与开源软件生态的公司之一。从 2019 年开始，华为在基础软件领域陆续开源了操作系统 openEuler、企业级数据库 openGauss、全场景 AI 框架 MindSpore，加速基础软件的创新和发展。其中，openEuler 是独立演进的原生开源操作系统，具备多架构支持、内核级创新、云原生软件栈、云边协同等特性；openGauss 是华为深度融合在数据库领域多年的经验，结合企业级场景需求，开发出的有独特优势的企业级开源数据库；MindSpore 是全场景的开源 AI 计算框架，开发友好、运行高效、部署灵活。华为持续不断地进行基础软件开源方面的投入，并且做出了巨大的贡献，现在已经成为国内开源生态的领军者和实践者。

神州数码也积极加入开源的队列中。神州数码将开源软件和技术作为重要的业务方向和生态布局之一，并与 PingCAP、Odoo、NGINX 等开源社区展开合作，为中国企业提供持续创新的开源技术和开放式混合云解决方案，促进开源创新活力的加速释放。2021 年 10 月，神州数码的自有品牌楠竹 OpenJDK 顺利通过多维度评价考核，成功入选中国信通院发布的第二批《开源供应商全景观察》报告。

开源技术的普及，让数字化转型驶入新的加速创新的赛道。拥抱开源与开放，用技术普惠世界，可以帮助更多企业更快地进入数字化阶段，引领数字经济持续健康发展。

新基建引擎启动，共赢未来

　　基建不仅是人类文明的标志，更是人类发展的基石。工业文明时代，以"铁公基"为代表的传统基建，充分满足了分工协作生产模式的需求，有力地推动了资本、人力要素的全球化流动，并且催生了工业经济和现代社会形态。而数字文明时代，新基建成为数字经济发展的新引擎，为重构生产关系、发挥数字生产力所蕴含的巨大能量奠定了坚实的基础。

　　而在这个过程中，企业成为新基建的重要力量，尤其是平台型企业不断积累着海量的大数据，拥有丰富的、充分数字化的资源和能力，它们将成为互联网上的"水电气"，作为一种新型基础设施在数字时代扮演越来越重要的角色。

新基建是数字时代的"黄河"

基建即文明

数字时代的全面来临带来了从数学到数据科学的认知颠覆，带来了企业的数字化转型，带来了以云原生为核心的技术范式颠覆，使人类进入了一个全新的数字时代。每一个时代都有属于这个时代的基础设施，基建为时代的发展奠定了基石，数字时代的万物互联同样离不开新基建的支撑。

实际上，在人类社会发展史上，文明与基建一直是密切相关的，甚至可以毫不夸张地说，基建即文明。

亚历山大图书馆被誉为"人类文明世界的太阳"。它建于公元前 3 世纪，是当时世界上最大的图书馆，由托勒密一世开始修建，并以亚里士多德的个人图书馆作为整个建筑的中心，到了托勒密三世，他决定继续修建图书馆并决心把世界的所有书籍都聚集于此，为此甚至不惜采取各种极端的书籍掠夺政策。鼎盛时期，有超过 50 万册图书汇集在亚历山大图书馆供人参阅。

在建成后的几百年间，亚历山大图书馆频频遭到战火侵袭，最终被彻底摧毁，但是馆藏的书籍中有一部分仍旧流传到了世界各地，图书馆所取得的科研成果和哲学理念也对后世产生了深远影响。这座图书馆使得亚历山大成了智慧之都。欧几里得用这里的藏书完成了《几何原本》；埃拉托色尼利用职务之便，借用这里的藏书完成了地球周长的测量；阿基米德在这里学习，奠定了科学的基础；赫罗菲拉斯在这里研究出了解剖学。我们可以试想一下，如果亚历山大图书馆没有被毁灭，我们人类的科学技术能取得什么样的成就。

亚历山大图书馆是重要的人类文明软基建，它所代表的古希腊文明被完整地保存下来，并与多重文化相互交织，持续发展壮大，对人类文明的发展与延续做出了伟大的贡献。

像亚历山大图书馆这样的软基建，在人类历史上还有很多，它们既是人类文明的助推器，也是人类文明的标志。而硬基建的发展与变迁，更是清晰地展示出了人类文明的发展路径。

如今的中国被外界称为"基建狂魔"，其实这是有历史基因的，从大禹治水起，中国人就开始了漫长的基建历程。经过大禹疏浚、治理后的黄河，为人类的繁衍生息提供了条件，从此具备了基础设施的属性。作为中华民族第一个基建项目，黄河连接了上下游的各个部落，使其融为一体，形成了华夏民族。黄河带来的灌溉便利，使华夏民族从以狩猎为生的部落进化成可以进行耕作和养殖的民族，开始走进农耕文明。毫不夸张地说，黄河基建铸就了中华文明的开端。

到了秦朝，秦始皇掀起了基建狂潮，在全国范围内进行大规模的工程建设，不仅修建了在今天都令人叹为观止的长城、阿房宫、郑国渠，还修建了秦直道。秦直道是中国最早的国道，也是那个时代的"高速公路"——通过它，从当时的咸阳只用一天就能直达长城脚下。

隋炀帝修建了京杭大运河，把长江和黄河两大水系连接到一起，实现了南北经济、文化等众多方面的交流，加速并巩固了中华民族的统一。明太祖修建了几十万公里的驿路，往北一直修到了松花江、黑龙江流域，往西更是从四川延伸到了西藏拉萨地区，传统的川藏茶马古道也从此成型。

通过不断地推动大规模的基建，中华民族这个命运共同体逐渐壮大，经济的发展、国家的统一、社会的文明进步皆由此而来。

当然，基建并不是古代中国人的独门绝技，在西方，罗马人也深刻地认识到了基建的重要性。

公元前 312 年，罗马人开始修建"阿皮亚大道"，这是历史上的第一条罗马大道。从那时起，罗马人所到之处，几乎都有罗马大道。在罗马帝国最为强盛的时期，有 29 条大道从首都罗马延伸出来，以至于从欧洲任何一条大道出发都能抵达罗马，所以才有了我们现在常说的"条条大路通罗马"。而罗马的文明也随着罗马大道不断传播，可以说，罗马大道修建到哪里，罗马的文明就传播到哪里。著名的罗马历史学家普鲁塔克将罗马帝国的强盛归功于一种文明对其他文明的同化，而对这种同化做出最大贡献的就是罗马式基建。

到了近现代，美国能够从殖民地逐渐发展成为超级大国，靠的也是基建的不断发展。

从获得独立开始，美国人就大力建设铁路，遍布全境的铁路网使美国的各个州融为一体，为美国的崛起和强大奠定了基础。这之后，美国又开启了海洋新基建计划，先后在世界各地修建了 200 多个海军基地，将包括直布罗陀海峡、苏伊士运河、巴拿马运河、马六甲海峡、日本海峡、波斯湾在内的几乎所有的海上战略通道都控制在自己手中，获得海洋霸权的美国迅速成为世界上最强的国家。

1992 年，美国的基建发生了一个根本性的变化——开始向着虚拟世界进军。同年 2 月，克林顿在他的竞选文件《复兴美国的设想》中提出，20 世纪 50 年代建立的高速公路网，使美国实现了飞速的经济发展。在人类将要迈入信息时代的 21 世纪，美国若要继续繁荣，就必须建设通往未来的新"道路"。

1993 年 9 月，入主白宫的克林顿宣布实施一项新的高科技计划——"国家信息基础设施"（National Information Infrastructure，NII），也就是后来震惊世界的美国信息高速公路建设计划，其主要内容是计划投资 4000 亿美元，用 20 年的时间将电信光缆铺设到所有家庭，使普通美国人也可以用上非电话的通信服务，实现家家户户都能上网，从而推动美国进入信息化生活、工作乃至生产的新时代。

为确保这一计划的顺利实施，1996 年，美国政府制定了《1996 年电信法案》，打破传统通信业的藩篱，鼓励私人资本参与，并强制传统通信服务商扶持互联网发展。在通过法律开道拓途的同时，美国政府还投入巨资进行信息高速公路的基础设施建设。仅 1996 年到 2001 年，美国就铺设了 1.3 亿公里光缆，占全球光缆总长的 40%。

在美国政府的大力支持下，社会资本大量涌入信息产业，一批批新技术与新公司应运而生，微软、IBM、谷歌、亚马逊等美国高科技公司的蓬勃发展都得益于此。

而在东方，中国能用短短 60 年的时间从一个半殖民地半封建的农业国家发展成为世界第二大经济体，谱写民族伟大复兴的新篇章，靠的也是生生不息的基建。

从建国初期通达全国的铁路、公路网，到各个城市便捷的轨道交通建设，再到新世纪的高铁以及全球领先的 5G 网络，每开启一轮基建狂潮，中国经济就会出现一次高速增长。

在基建领域，中国取得的成就数不胜数：中国是唯一一个拥有约 14 亿人口却仍然能做到全民通电的国家，电网覆盖面排名世界第一；高速公路通车里程达到 13.1 万千米，高铁总运营里程超过 3.1 万千米，两个里程数都是世界第一；拥有公路桥 80 万座、铁路桥 20 万座，加起来 100 万座，数量世界第一；拥有 500 多万个通信基站（是美国的 20 多倍），数量世界第一；拥有高层建筑 34.7 万幢，百米以上超高层 6000 多幢，数量均为世界第一。

世界最高桥北盘江大桥、世界最长桥丹昆特大桥、世界最长跨海大桥港珠澳大桥，都是中国人建的；北京三元桥整体置换工程，建设者只用了 43 个小时就完成了，并且完成后立即恢复了交通；2020 年新冠肺炎疫情暴发之初，中国人用了 10 天左右的时间就建成了火神山、雷神山两座传染病医院，创造了令人震撼的"中国速度"……种种奇迹般的建设，使我们赢得了一个非常霸气的绰号——"基建狂魔"。

无论是罗马帝国、美国还是中国，经济的发展和国家的兴盛都是建立在完善的基础设施之上的。甚至可以说，所有的文明，都是建立在强大基础设施之上的。而数字时代，新基建也将成为从工业文明到数字文明的桥梁。

新基建是数字经济的底座

过去，以铁路、公路、机场、水利、电力等"铁公基"为代表的传统基建推动着人类文明不断进化，而到了数字时代，新基建成了数字经济的底座与基石。例如：传统制造业要进行数字化转型、向智能制造进化需要以工业互联网为支撑；无人机、无人驾驶等智能技术的发展与应用要以车联网和智能化交通基础设施的打造为前提；水电气服务等城市公共基础设施的数字化转型也离不开城市物联网的日益完善……简而言之，新基建就是数字经济时代的"黄河"。

新基建具有基建与科技的双重属性，它不仅是一种基础设施建设，而且还以科技创新为导向，创造新的生产模式和商业模式，提高企业的生产效率，加快传统产业转型升级，促进平台经济、共享经济持续健康发展，优化经济结构，培育新的经济增长点，为数字经济提供新引擎、新动能。而且，新基建作为践行生态文明建设的重要发力点，还能为碳排放进行数字化管理与规划提供支撑，打造绿色转型的发展之路，推动绿色低碳的生产生活方式的普及，加快促进碳达峰、碳中和目标的实现。

正因为如此，国家越来越重视新基建，并将其提升到国家战略的高度。

2015 年 7 月，国务院发布《关于积极推进"互联网＋"行动的指导意见》，指出到 2018 年，"固定宽带网络、新一代移动通信网和下一代互联网加快发展，物联网、云计算等新型基础设施更加完备"。"新型基础设施"的表述第一次在官方文件中出现。

2018 年 12 月，中央经济工作会议在确定 2019 年重点工作任务时提出"加强人工智能、工业互联网、物联网等新型基础设施建设"。这是"新基建"这一概念第一次出现在中央层面的会议中。

2019 ～ 2020 年，在中共中央政治局会议、国务院常务会议等会议上提及"新基建"十余次。

2020 年 4 月 20 日，国家发展和改革委员会第一次明确了新型基础设施的范围，明确新型基础设施是以新发展理念为引领，以技术创新为驱动，以信息网络为基础，面向高质量发展需要，提供数字转型、智能升级、融合创新等服务的基础设施体系，包括信息基础设施、融合基础设施和创新基础设施三方面的内容，如图 5-1 所示。

图 5-1　新基建的三方面内容

1. 信息基础设施是新基建的基石

信息基础设施不仅是国家战略性、先导性、关键性的基础设施，更是新基建的核心，是支撑经济社会转型发展的战略基石。只有信息基础设施完善了，数字中国的建设才具备了坚实的基础，中国经济的转型升级才具备坚实的基础。

信息基础设施主要是指基于新一代信息技术演化生成的基础设施，比如，以 5G、物联网、工业互联网、卫星互联网为代表的通信网络基础设施，以人工智能、云计算、区块链等为代表的新技术基础设施，以数据中心、智能计算中心为代表的算力基础设施等。

通信网络基础设施、新技术基础设施和算力基础设施都有很长的产业链，它们合起来构成了从数据采集到决策的全过程，支撑数据作为新的生产要素发挥重要作用，从而使产业各要素、各环节全部数字化、网络化，推动业务流程、生产方式变革重组，形成新的产业协作、资源配置和价值创造体系，催生更多基于数字经济的技术创新、认知创新和场景创新。

神州信息承建的国家级苹果产业大数据中心，就是信息基础设施通过与农业的结合促进传统产业提质增效升级的典型案例。

虽然吃苹果对我们来说是一件非常平常的事情，但是我们对中国苹果产业的了解可能并不多。就苹果产业而言，现在我国已经成为世界最大的苹果生产国，苹果的种植面积和产量均占世界 50% 以上，我国的苹果产业已经从"有没有"进入了"好不好"的新阶段。在这个新阶段，苹果产业迫切地需要引入"数据"这个新型生产要素来破解信息不对称、投入要素配置不合理、自然灾害和病虫害监测预警能力不强、产销衔接不顺畅等难题，以此提高苹果产业的创新力、竞争力、品牌建设力和全要素生产率。为了解决这些难题，农业农村部研究并提出了单品种全产业链的农业农村大数据推进思路，力求以苹果、生猪、茶叶等品种的大数据试点为切入点和突破口，为整个农业农村大数据发展应用提供可学习、可借鉴、可复制的机制、模式和经验。

作为苹果产业大数据中心的承建者，神州信息在陕西洛川进行了全域苹果树的数据采集，保障拥有每一颗苹果、每一寸种植苹果的土地的数据，包括土壤情况、经济归属，以及生产中如施肥量、灌溉时间等一系列数据。

苹果不是稀缺水果，具备大宗性，这个特点使苹果产业的大数据应用成为现实：如果对一个县、一个省乃至全国的数据进行采集，就可以提供很好的大数据应用场景，比如为农业信贷提供服务。很多农民在种植初期缺少现金买农药、化肥，通过像苹果产业大数据中心这样的一体化平台，就可以形成一个针对农民的信用体系，使缺现金的问题迎刃而解。比如，通过信用大数据，可以根据具体农户设计信用模块，不同于传统的抵押方式，而是根据过去他种植的苹果的产量情况和当年的天时地利等数据授予信用额度。只需几分钟就能决定是不是可以放款一万或者两万元给他，让他先贷款买农药、化肥，或者买水浇地，等苹果卖出去之后再还款。

大数据对于农民的作用不仅在于此。在苹果种植生长的过程中，可能会遇到虫害、水土不服、品种改变等问题，这时候每一个微小农户，哪怕家里只有2亩果田，也可以通过大数据中心迅速找到附近的农业专家，进行现场咨询或者果树"疑难杂症"的互联网远程会诊。

不仅如此，大数据中心还可以推进农业生产向精准化、智能化、高效化的现代农业发展。我去新西兰考察的时候，印象最深的是人家卖的苹果有很多品种，而且有些品种确实非常贵。但是中国的苹果品种相对来说却很少，虽然也有不同的品种，但进行的是单一的价格竞争。其实，每个人的口味都不同，有人喜欢吃甜的，有人喜欢吃酸的，有人喜欢吃脆的，还有人喜欢吃"面"一点的。如果能实现差异化生产，像苹果这样的农产品的价值就会大大提高。如果未来我国的苹果品种能进一步细分成更多品种，可能总产量还是这么多，但是消费者会愿意花更多的钱去买不同的口味来体验。而苹果产业大数据中心就可以通过大数据形成各个苹果品种的标准，将苹果的各个指标细化，针对不同需求的消费者提供不同的品种。

通过苹果产业大数据中心这个信息基础设施的建设，我们可以用大数据、物联网以及人工智能等技术服务农业的生产、经营、流通、消费等各个环节，对整个品种的生产、经营过程进行全流程控制，保证产出，在社会化服务方面提供更多的价值。

苹果产业大数据中心的建设，可以说是信息基础设施建设的一个缩影。其实，不只是苹果产业，也不只是农业，信息基础设施为各个产业、各个领域的技术快速应用、组织变革以及商业模式创新都提供了载体和手段，促进传统产业向数字化、网络化、智能化转型升级，为经济发展注入新的驱动力量。

2. 融合基础设施为传统基础设施赋能

在一切皆可数字化的数字时代，我们仍然无法离开衣食住行这些基本的生活要素。过去，传统基础设施支撑着这些领域的运行，而在数字时代，我们需要利用数字技术对这些传统基础设施进行升级改造，融合基础设施由此而生。

融合基础设施主要指深度应用互联网、大数据、人工智能等技术，支撑传统基础设施转型升级，进而形成的融合基础设施，如智能交通基础设施、智慧能源基础设施等。⊖

⊖　央视网. 国家发改委首次明确"新基建"范围［EB/OL］.（2020-04-21）. http://www.mofcom.gov.cn/article/i/jyjl/e/202004/20200402957398.shtml.

如果说信息基础设施是以数字基建为重点，那么，建设融合基础设施的重中之重则在于构建丰富的应用场景。从某种程度上来说，融合基础设施是新型基础设施与场景的深度融合，目的在于实现新型基础设施与传统基础设施之间的共生与互动，为传统基础设施赋能。通过这种融合与互动，"铁公基"等传统基础设施被赋予了感知、物联、智能反馈等能力，从而实现了数字化、自动化、智能化转型升级。由此，很多领域都迎来了场景智慧化的飞速发展。

新型基础设施与交通运输传统基础设施融合发展而成的智能交通基础设施，就是融合基础设施的典型代表。在工业时代，交通运输传统基础设施主要指的是铁路、公路、地铁、机场等重大交通设施。而数字时代，交通运输基础设施指的是智能交通基础设施。看上去似乎只是多了"智能"两个字，然而，智能交通基础设施并不只是对传统交通基础设施的智能化改造，更是通过数字技术的广泛应用为整个交通行业的发展带来全方位促进。

智能交通一个重要的发展方向是基于人工智能的车路协同、自动驾驶、智能出行，比如百度自动驾驶平台 Apollo。

Apollo 是一套车路行融合的全栈式智能交通解决方案，它利用大数据、人工智能、车路协同、自动驾驶、高精地图等新一代技术，打造 ACE 交通引擎，推动基础设施智能化、交通运输装备智能化和出行服务便捷化。

Apollo 实现了对象级交通感知，能对各个交通参与者的精确轨迹进行有效追踪，能对城市道路运行状况进行实时监测，能监测各类交通事件并及时做出预警，从而全面构建交通数字沙盘，为精细化交通管理提供坚实的数据支撑。Apollo 还能实时优化信号配时，实现区域动态交通组织优化，实现协同式交通管控，有效地提升通行效率、保障交通安全，为解决城市交通拥堵的难题提供了一种可行的方案。

基础设施智能化也是智能交通的发展重点，比如深圳机场通过数字技术的应用实现了融合发展，达成了高效化运营。

在国内的众多机场中，无论运行效率还是服务品质，深圳机场都是佼佼者，这源于深圳机场的高度自动化。深圳机场的国内登机口自助设备覆盖率已经达到 100%，乘客不用再经历烦琐的检票程序，刷脸就能登机，只需要一两秒就能快速完成验证通行。全流程无感自助登机，加上基于大数据提供的敏捷、及时的个性化服务，使深圳机场实现了"服务一条线"，这不但使旅客获得了便捷舒适的体验，也大大提高了机场的效率。

在深圳机场运行控制中心的 IOC（Intelligent Operations Center，智能运营中心）大屏上，航班、旅客、资源等各种信息一览无遗，机场指挥中心通过这个屏幕就能实现机场态势的全局精准可视、智能精准预测、多域高效协同，从而使运行更高效、决策更即时统一。

不仅如此，深圳机场还以 SOC（Security Operations Center，安全保卫控制中心）为中心，建立了全方位、立体化的安全保障体系，对机场安保重点要害部位进行管控，统筹机场安全领域范围内所有事项，实现了风险隐患精准识别、异常事件高效处置、安全态势全局掌握。

智能交通基础设施建设，通过各种数字化技术的应用，不仅实现了交通基础设施的数字化转型升级，更促进了交通的发展，提高了城市治理能力和水平。如今，已经有很多城市实现了智能信号灯、实时公交、自动泊车、电子警察非现场执法，使物与物、物与人、物与网络、人与人之间可以广泛连接和高效互动。

不只是智能交通，智能能源、智能城市、智能工厂、智能医疗等智能社会新场景、新应用也在不断涌现。这些融合基础设施是制造强国、质量强国、网络强国、数字中国的基础，将有效推动制造业重构，为高质量发展提供结构动力，发挥互联网对平衡发展的积极作用，构建以人为本的社会治理创新生态。

3. 创新基础设施破解"卡脖子"难题

创新基础设施是破解"卡脖子"难题的重要举措。近些年，为了遏制中国的崛起，以美国为首的西方发达国家对中国发动了"科技战"，打着各种旗号，通过将中国科技企业列入"实体清单"、构建"去中国化"供应链等方式对中国进行技术封锁和打压。"卡脖子"问题成了我国科技创新领域的一个大问题。

过去几十年，从"两弹一星"到"天问"登火，从全球规模最大、技术最先进的 5G 独立组网网络到北斗卫星导航系统，从高铁驰骋到航母入列，从"嫦娥"奔月到万米深潜……中国用几代人的心血和努力创造了无数令人激动的成绩。然而，在"科技战"的大背景下，中国比任何时候都需要创新的力量，创新基础设施也因此被提到了越来越高的位置。

创新基础设施主要指支撑科学研究、技术开发、产品研制的具有公益属性的基础设施，如重大科技基础设施、科教基础设施、产业技术创新基础设施等。

创新基础设施建设与建设世界科技强国是息息相关的。在新基建中着重强调创新基础设施的重要性，不仅能够充分发挥其导向作用，更能让我们感受到国家对科技创新的殷切期待。但创新基础设施的建设也并非易事，需要充分集中政府、社会的力量。

近年来，我国政府在创新基础设施的建设上不断加大投入。除了批准在北京、上海、广东等地建设 13 个国家应用数学中心外，国家还在持续加强战略性、前瞻性重大科学问题领域的项目部署，大力支持干细胞、纳米、蛋白质、合成生物学、量子调控与量子信息等的研究。与此同时，一批重大科技基础设施集群相继在各个省市落地生根。

此外，企业作为技术创新主体也越来越积极地参与到创新基础设施的建设中。从企业实践来看，阿里巴巴、百度等在量子计算、人工智能等前沿领域加大投入，华为在全球布局应用数学研究基地。社会力量也发起并设立了"科学探索奖""未来科学大奖"等奖项，重点支持科研人员在基础科学和前沿技术领域开展研究。

我们要建设世界科技强国，就要建设更好的基础设施，要付出更大的努力，投入更多的资源，打造出更多的"撒手锏"。而随着创新基础设施的布局，一定会有越来越多的领域出现"国之重器"，在科技强国的征途中扮演重要的角色，使我国在众多科技领域实现从跟随、学习到超越甚至领跑的逆转。

从新基建的三种类型可以看出，信息基础设施更加符合传统意义上对"基础设施"的定义，是空间布局中被物化的设施；融合基础设施则被拓展至应用领域，是信息技术在融合应用中被价值化的体现；而创新基础设施则担负着支撑信息技术前沿发展和技术进步的重任，是新型基础设施形态得以不断演进，功能得以不断拓展的动力源。

不管是信息基础设施，还是融合基础设施，抑或是创新基础设施，其根本目的都在于打造一个更加适合并且能促进数字经济发展的社会环境，使数据这种新的生产要素能够更全面、更深入地融入经济、社会中，充分发挥其价值，从而构建一个全新的智慧社会。

加速破局的新基建

守住金融安全底线

改革开放已经走过了 40 多年的历程，在这 40 多年中，中国以开放的姿态拥抱世界，不断推进与世界各国之间的合作，谋求互利共赢。但是，尽管我们已经走过千山万水，仍然需要跋山涉水，要充分认识到，如今改革开放进入了深水区，面临着巨大的挑战。

2017 年 10 月 18 日，习近平总书记在党的十九大报告中提出："特别是要坚决打好防范化解重大风险、精准脱贫、污染防治的攻坚战，使全面建成小康社会得到人民认可、经得起历史检验。"

如何解决防范化解重大风险、精准脱贫、污染防治这三大难题，啃下难啃的"硬骨头"？新基建是行之有效的破局之道。新基建催生了一系列新产品、新模式、新业态，为社会治理提供了强有力的支撑和保障，从而构建了中国经济发展的新引擎。

我们先从防范化解重大风险说起。

在过去的 40 多年中，金融业的发展为中国的改革开放做出了巨大的贡献。不过，在经济增长的同时，金融衍生工具的高杠杆性、国际经贸活动中美元霸权的影响等各种因素，使中国的金融环境变得复杂、不稳定。如果不能妥善地处理这些不良因素，很可能会使中国经济受到严重的影响。因此，是否能化解金融风险，一直是政府和老百姓最为关心的问题之一。

而防范化解重大风险攻坚战让更多人把目光聚焦在金融行业，让科技赋能金融，在提高金融效率的同时保证金融安全与稳定，已经成为各方的共识。

其实，从本质上来说，金融业的安全、稳定和高效是实体经济中各行各业持续发展的基础。在数字时代，银行业务不断创新，金融业态频繁革新，这要求金融业的基础设施必须适应新型金融业态、模式和服务的需要。于是，"金融新基建"成为新基建的一个重要命题。

金融基础设施是国家金融体系的关键组成部分，它既能连接各个金融机构，确保其更好地服务于实体经济，又能有效地防范金融风险，维护市场的稳定运行。金融基础设施建设好了，金融的功能才能更好地发挥出来，推动经济高质量发展。

在新基建的过程中，一批金融基础设施应运而生，比如数据交易所。

翻看历史，全球第一个证券交易所是阿姆斯特丹证券交易所，于1609 年在荷兰阿姆斯特丹诞生；全球第一个期货交易所是芝加哥期货交易所，于 1848 年在美国芝加哥成立；全球第一个黄金交易市场是伦敦黄金市场，于 1919 年在伦敦成立……中国在上述领域只能后发赶超，略有遗憾。

可喜的是，全球第一家大数据交易所——贵阳大数据交易所，在2015 年 4 月 14 日挂牌运营并完成第一批大数据交易。贵阳大数据交易所希望做大数据的供应商，使数据可以像自来水一样自由供应，创造了"苏打水""可乐"等具有衍生价值的大数据产品，促进了大数据"双创"。

对金融业来说，数据是至关重要的。这是因为，金融业是经营风险的行业，而要控制风险，必须依赖数据。银行等金融机构的所有风险决策、授信决策以及投资决策都是依据数据来制定的。而数据交易所的成立，促进了数据流通，降低了数据获取成本，使金融机构能基于不同的数据设计风控模型，从而降低金融风险。同时，也有利于数据脱敏的实现，使金融安全得到进一步保障。

而在这些金融基础设施的建设过程中，一些新兴数字技术也得到了深度应用，为金融业的创新与发展提供了技术和资源保障，比如区块链。

现在大家所熟知的比特币，就是基于区块链技术而产生的。作为很多加密货币背后的底层技术，区块链给金融运作方式带来了极大的颠覆。现在，很多国家都推出了数字货币，我国也推出了数字人民币。

数字人民币以安全、普惠为主要目标，作为一种公共产品，它能为人们提供一种人人皆可轻松获得的低成本支付选择，拓展了金融的包容性，有效降低了公众获得金融服务的门槛，提高了基础金融服务水平与效率。在如今这个人们已经习惯了出门用手机付款、数字人民币成为新的货币形式的时代，你可能很难想象，目前我国还有约1亿人没有银行账户。而数字人民币使没有银行账户的人也可以进行电子支付，使欠发达地区、偏远地区的人们也能享受到基础金融服务，这能极大地促进普惠金融的实现。

"小额匿名、大额依法可溯"是数字人民币遵循的原则，这在维护个人财产安全和金融稳定方面能发挥重要作用，既能使个人信息与隐私得到高度保护，也保持了对电信诈骗、网络赌博、洗钱、逃税等违法犯罪行为的打击能力。比如，如果有不法分子利用数字人民币来进行电信诈骗，被骗的钱是可以追回来的，人们的财产安全可以得到充分的保障。

更重要的是，数字人民币还有利于打破美元霸权。自从布雷顿森林体系建立之后，美元成了国际储备货币和主流货币，国际金融体系的话语权被牢牢地掌握在美国手中，美元结算体系的垄断地位由此形成。过去，超过 90% 的跨国贸易的资金往来都是通过 SWIFT 这个由美国控制的清算系统进行的。而数字货币的出现使未来国际货币体系的发展有了更多可能性，尤其是数字人民币的诞生，为世界各国在进行跨境结算时提供了一个去 SWIFT 交易的解决方案。这不但从根本上动摇了美元霸权的根基，更促进了人民币的国际化，将人民币推上了更为广阔的世界舞台。

金融安全是社会治理的重中之重，金融新基建和金融科技的深度应用，为防范化解重大风险提供了有力的保障。金融稳，则经济稳，守住金融安全的底线，才能稳住经济发展的基本盘。

从脱贫攻坚到乡村振兴

在全面建成小康社会之后，解决历史遗留的农业问题和贫困问题是中国必须面对的一个难题。

在计划经济时代，为了支持工业化建设，在工农业产品交换时，我们有意地压低农产品的价格，用农业来反哺工业。这奠定了中国工业现代化的初步基础，但也使农业成为"吃饭农业"，而不是"经济农业"。因为农业长期的低收益，改革开放后，大量农民涌入了城市，这一方面为城市提供了廉价的劳动力，解决了农村人口的收入问题，另一方面也给农村带来了问题，比如"3860现象"[一]。

如何才能让农民摆脱贫困，让农村得到充分的发展？这个问题有很多答案，而加强新基建一定是其中之一。

如果我们对新基建进行简单分类，可以将其分为两种类型：一是"高技术"，二是"补短板"。其中，"高技术"是充分发挥先进数字技术的作用，使其成为中国经济发展的新动能。而"补短板"是要努力建设、完善那些满足民生所需的基础设施，让更多的人尤其是弱势群体享受到社会发展带来的红利。"高技术"与"补短板"两者并不互斥，而是相辅相成、彼此促进的，社会经济发展的短板和不足可以通过"高技术"进行弥补，甚至直接跨过某些发展阶段，实现弯道超车。

新基建与农业的融合，就是"高技术"与"补短板"的完美结合。尤其是5G、大数据、云计算、人工智能、区块链等新技术与农业生产、经营、管理、服务的全面深度融合，疏通了农村现代化建设的"毛细血管"，为脱贫攻坚提供了新方案、新路径。

神州信息搭建的面向农村市场的"三农"生态链，就通过农村管理服务、农业生产服务、农业交易服务，真正助力农村实现了人与人的连接、人与生产要素的连接和人与服务的连接。

神州信息从农村土地确权流转信息化平台市场出发，逐步形成了在农村土地确权、土地流转、产权交易、三资管理、合作社管理、农村集体资产改革等业务领域的全国性全网布局。以20亿亩的基础数据为底库，以已确权的5000万亩土地为底图，神州信息依靠根植于农林市场20年积累的庞大数据库，协助政府进一步完善土地权能，从而盘活农村

㊀ 所谓"3860现象"，就是指农村留下来从事农业生产的都是妇女和老人，劳动力明显不足。

土地资源。

作为"三农"大数据市场的先行者和领导者，神州信息在 20 年的数据积累中，逐步形成了以农村政务大数据、农业单品大数据、农村产业交易大数据、智慧农业大数据、社会化服务大数据为核心的综合涉农大数据系统，探索了一条大数据市场化的投资、建设、运营机制，构建"三农"大数据下的智慧农业生态，为经营主体、服务商提供全产业链的涉农资源对接服务。与此同时，神州信息还成功把握住了"互联网＋"现代农业的风口，将电商、农务、政务等方面的数据融合，衍生出"活化"的数据，帮助实现农村管理标准化、农产品品牌化以及农业交易高效化，搭建出现代农业聚合生态圈。

在国家"支农支小"、乡村振兴政策指引下，杨凌农业高新技术产业示范区作为我国首个国家级农业示范区，携手神州信息、杨凌农商行、中国人保、中航安盟、西北农林科技大学、内蒙古农业大学等产业相关各方，以生猪浮动抵押贷款为试点，探索出"生物资产抵押品动态评估"模式。

在这个模式中，神州信息以"科技＋产业＋金融"融通创新，打通业务闭环各环节——银行提供创新融资金融产品；保险提供创新保障金融产品，进行风险管理与风险承担；政府整合资源，引导产业发展，提供补贴，如图 5-2 所示。

图 5-2　神州信息以"科技＋产业＋金融"打通业务闭环各环节

在黑龙江省宁安市平安村和卧龙村，由神州信息参与的灌溉泵房首部过滤及施肥系统建设、气象墒情监测系统建设、智慧灌溉系统建设等成效获得宁安市农业农村局和当地老百姓的充分肯定，为黑龙江省高标准农田建设带来了示范效应。

在油料作物的重要产地武汉，神州信息与武汉市政府、中国农业科学院油料作物研究所等强强联合，承担了打造国家级油料（油菜、花生）全产业链大数据平台的重任。这个平台通过一个数据中心、两个支撑平台、三个集成系统、四个标准统一、七大应用系统建设而成。其中，一个大数据枢纽中心将打造包含省市县三级，覆盖科研、生产、消费、库存、贸易、价格、成本收益等多维度的油料大数据资源体系。依托大数据信息采集系统、大数据信息综合服务一张图，实现全产业链发展相关各类涉农数据的整合。同时，实现全产业链监测预警系统、全产业链数据库、全产业链大数据分析预测系统的整合，实现统一数据标准、统一业务标准、统一管理标准等，打造指引油料产业高质量发展的"数字大脑"。

除了利用数字技术解决脱贫难的痛点，促进农村数字基础设施建设、打造数字乡村也是脱贫攻坚的重要战略方向，是缩小城乡之间的"数字鸿沟"、促进农村发展的重要保障。

神州信息在山东省面积最大的县级市平度市先行先试，帮助平度搭建了农村产权综合交易中心和乡镇农业社会化综合服务中心，将涉及农村的产业、产品、产权等信息全部纳入管理，搭建起数字管理应用的市级平台，将分散的村集体、小农户与数字乡村建设有机连接，激活农民投身乡村振兴的内生动力，让农民切切实实地享受到数字经济带来的红利。

在江苏，神州信息搭建的"苏农云"也成了江苏省农业农村信息化建设的标志性工程，通过"六个1+N"⊖工程，形成覆盖全省、统筹利用、统一接入、数据共享的农业农村大数据云平台。"苏农云"有效地推进了农业农村数据融合、业务融合、服务融合，实现全省农业农村数据的"横向"与"纵向"互通，并率先将大数据平台基础底座统一下发到省内各市县，实现省市县三级标准共享、数据资源共建，实现省级大数据平台的数据上下行和回流，其建设的方法和模式对全国数字农业农村建设与应用有重要的借鉴意义。

数字乡村对脱贫的带动作用体现在农业产销的各个环节。在农业生产阶段，利用人工智能等先进数字技术，生产成本大大降低，生产质量不断提高，农产品的竞争力也因此持续提升。在供应阶段，利用供应链技术建立完善的供应链体系，实现产销精准对接，使"小农户"与"大市场"直接、紧密地连接在一起，使农产品能便捷地实现"从田间到餐桌"的直接通达。在销售阶段，通过云计算、大数据等技术，电商平台可以更准确地将农产品推送给需要的消费者，从而提高农产品销售额，帮助贫困地区和人口增收。

随着乡村数字化的推进和新基建的开展，数字化已经融入了乡村的各个生活场景。过去"锄禾日当午，汗滴禾下土"的辛苦劳作变成了如今机械化、规模化的联合作业；过去只能在市集上或走街串巷售卖的农产品变成了如今在电商直播平台上"秒空"的土特产；过去，防范洪涝

⊖ "六个1"是指农业农村大数据标准规范体系、农业农村大数据管理平台、农业农村时空一张图应用、大数据辅助决策分析平台、农业农村大数据服务门户、大数据指挥中心；"N"是指对N个业务应用系统进行整合优化扩展，打造智慧种植、智慧畜牧、智慧渔业等十大板块。

灾害只能靠村民轮班值守，而现在，水位监测器等数字化手段让村民在家中就能知道水位变化；过去，农民看病只能跑到几十千米外的城市里，现在，专家远程视频问诊让村民足不出村就能享受到高效、便捷的医疗服务；如今，用来向村民通知消息的大喇叭也已逐渐退出历史舞台，村民们只要打开手机 App 就能看到村里的通知，查询各种村务、财务信息……

以往看天吃饭、被看作弱势产业的传统农业，通过新基建的不断赋能，变得潜力无限。数字化为农民生产生活提供的各种智能化服务支撑，也会使乡村面貌焕然一新，使农民获得更多的获得感与幸福感。在不久的将来，"脱贫"将彻底成为一个历史名词。

这一天已经不远了。2021 年 2 月 25 日，全国脱贫攻坚总结表彰大会在北京隆重举行，会上，习近平总书记宣布，我国脱贫攻坚战取得了全面胜利。就在同一天，国家乡村振兴局正式挂牌，这意味着，我国已经从精准扶贫转为乡村振兴，"巩固拓展脱贫攻坚成果，全面推进乡村振兴"的集结号已吹响。

在乡村振兴的新阶段，仍需要新基建提供的"加速度"。无论是乡村信息基础设施的改造升级，还是农产品大数据中心建设，抑或是通过综合信息服务平台来实现数字化乡村治理，都离不开新基建的持续赋能。当农业实现从传统农业到智慧农业的全面升级，实现现代化和高质量发展，中国农村将真正崛起。

绿水青山就是金山银山

在工业时代，社会一味追求"金山银山"，这导致了自然环境及整个生态系统遭到严重破坏。人与自然、经济与环境，怎样才能兼顾？这成了所有人必须面对的"时代之问"。

在不断的追寻与探索中，中国找到了自己的答案。2015 年，"坚持绿水青山就是金山银山"被写进了《关于加快推进生态文明建设的意见》中。2017 年，"必须树立和践行绿水青山就是金山银山的理念"被写进了党的十九大报告，污染防治也被列为三大攻坚战之一。而在实践中，新基建有力地促进了深入打好污染防治攻坚战和搞好生态文明建设，为社会经济向绿色和低碳化转型、实现碳中和与碳达峰的"双碳"目标提供了坚实支撑。

在新基建过程中，利用云和大数据，可以为生态环境提供实时监测，深入洞察，从而从多维视角优化能源消耗和互补。利用物联网与云计算，将传感器以及其他相关设备嵌入各种环境监控对象，可以及时感知环境变化。利用人工智能建立智能交通系统、智能工厂、智慧农业平台，可以减少空气污染，降低碳排放，优化循环利用废物。利用 5G 技术构建智能水供应管理系统，能够有效降低水文风险。利用数字孪生技术对各种灾害风险进行事前预测、事中处理以及事后规划，能极大地提升产业发展的环境影响评价水平和环境恢复力。

如今，以新基建赋能污染防治、生态保护的创新实践层出不穷。

为实现碳达峰、碳中和的目标，2021 年，气象部门成立了国家级温室气体及碳中和监测评估中心，并且在全国多个省份都成立了分中心，还依托观测资料构建了我国碳中和行动有效性评估系统，能够对全球、区域、城市等不同尺度的自然碳通量和人为碳通量进行准确区分。全国碳排放权交易市场也于 2021 年 7 月正式开市，碳排放配额交易启动，有效促进了碳排放总量的控制。山东省生态环境厅充分发挥数据共享功能，在 2021 年 8 月发出第一张辐射安全许可电子证，运用新技术、新手段推动制度创新，为企业带来实实在在的便利，进一步激发市场主体活力。

长江的治理、开发与保护也顺应时代要求，充分利用了数字技术。2019 年 9 月，长江干线数字航道全面联通运行。长江干线数字航道是新基建中的重要工程，它能实现航道要素动态监控，而且使整个管理流程更加便捷：长江航道图 App 代替了携带不便的纸质航行图；航标、水位动态电子巡查代替了极其耗费人力的日常现场巡查；智能感知测绘承担了部分人工测绘的工作；控制河段通行信号自动揭示取代人工信号升降控制；维护工作自动实时记录取代人工纸质报表……通过数字航道，长江航道局将大数据、互联网、人工智能等先进数字技术与长江航道的管理紧密结合起来，实现了各区域航道水情、航标运行、水位尺度、物资器材维护等信息的即时互通，构建了完善的长江航道管理和服务体系，极大地提升了长江航道的公共服务水平。

生活在碧水蓝天、绿水青山之间，是人们共同的心愿。以新基建驱动污染防治的数字化和智能化升级，使人与自然和谐共生的美丽中国已经一步步从蓝图变成现实：曾经飞鸟不栖、黄沙肆虐的毛乌素沙漠，如今已经变成了水草丰美、绿意盎然的绿洲；曾经草地沙化、过度开采的青海三江源，重现"千湖美景"；曾经一度退化成荒原沙地的塞罕坝，建起了一片片广袤的林海；曾经水质污染严重的长江、洱海、洞庭湖，也恢复了水清岸绿、鱼翔浅底的美丽景象……

新基建要共建共治共享

从红色龙岩到数字龙岩

党的十九大报告提出，"打造共建共治共享的社会治理格局"。"共建共治共享"，指的是人民共同参与社会建设、共同参与社会治理、共同享有治理成果。而发展新基建，也应该遵循"共建共治共享"的理念。

在革命老区龙岩，神州数码通过大数据技术在龙岩实现了整个城市管理的"共建共治共享"。

龙岩是一座具有特殊意义的城市，在中国共产党和中国工农红军的发展史上有着里程碑意义的古田会议就是在这里举行的。著名的革命篇章《星星之火，可以燎原》及《才溪乡调查》，也是在这里完成的。然而，作为革命老区，龙岩经济发展相对较为落后。所幸的是，数字经济的发展往往会给经济后发地区带来赶超机遇。

2014 年，神州数码与龙岩市政府共同开启"数字龙岩"建设。神州数码在"数字福建"的基础上建设"数字龙岩"，经过近五年的建设，搭建了公共服务平台"e 龙岩"，将多个城市公共管理专业系统直接与市民对接，构建了一个以市民需求为核心的高效公共服务闭环，如图 5-3 所示。

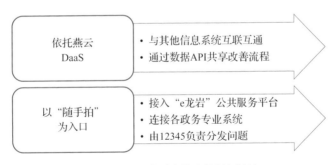

图 5-3　e 龙岩构建高效公共服务闭环

一方面，神州数码依托基于国家技术发明奖一等奖技术成果转化的燕云 DaaS，将"e 龙岩"与通用审批、数据汇聚共享、电子证照库等系统互联互通，让数据"多跑路"、群众"少跑腿"，并通过数据 API 共享，驱动流程再造与服务创新，促进政府机制的改革。

另一方面，以"随手拍"为整个"e龙岩"政民互动的入口，将"随手拍"事件触发受理平台接入"e龙岩"公共服务平台，并连接城管、河长、环保、综治等政务专业系统，使群众和企业通过手机随时随地反映问题，再经由12345批转系统分发问题到各专业系统，最终形成"提交—转办—办理—反馈—评价"的公共服务闭环。

在这个过程中，政府可以更好地了解市民的需求、城市的状态，掌握更丰富的决策数据源。市民也能够全方位地参与城市建设治理，真正成为城市的主人，从而实现"共建共治共享"的社会治理新格局。福建省其他的一些地市也复制了这个我们在龙岩首创的模式。

在"e龙岩"上，神州数码还通过大数据的交叉认证和跟踪，围绕政府、企业、个人三类主体提供个性化的精准扶贫应用服务：面向政府，依托大数据技术创新打造"精准识别、精准施策、精准脱贫"三大能力，实现扶贫全流程精准可控；面向企业，为全国工商联、国务院扶贫办等联合启动的"万企帮万村"精准扶贫行动打造了精准扶贫大数据平台，截至2021年已有6万多家民营企业参与其中；面向公众，搭建了"i帮扶"社会扶贫平台，汇聚社会力量参与扶贫，为贫困大学生和突患大病的贫困人群伸出援助之手。以前每年龙岩都会有八九个贫困生因为经济原因无法上大学，搭建这个平台后，老百姓自发地对这些孩子进行捐助，龙岩再也没有因经济原因无法上大学的贫困生。这不仅减轻了政府的负担，更激发了社会对扶贫的公益心。

在龙岩实践中，神州数码不断培养IT专业人员的种子，让他们落户龙岩、扎根龙岩；让数字化技术与当地的传统产业结合，促进龙岩的传

㊀　现已更名为国家乡村振兴局。

统制造业的数字化转型；神州数码还将自身的外包服务基地落户龙岩，与龙岩学院合作，让更多的大学生留在龙岩。因为现代的竞争是人才的竞争，只有让龙岩的人口结构发生变化，才能长久地改变革命老区的面貌。

在数字政府及大数据驱动的"共建共治共享"治理格局的基础上，神州数码还进一步与龙岩市政府围绕数字新基建绘制了宏伟蓝图，包括打造虚拟数字产业园区，提供贯穿产业生态链的数字化服务；构建智慧应用场景，涵盖智慧产业园、智慧供应链、智慧医疗、智能制造、智慧环保、智慧交通等；面向重点产业数字化领域构建产学研协同创新能力，建设助力龙岩乃至全省、全国数字产业发展的创新人才基地等。在我看来，全面建成小康社会是实现"两个一百年"奋斗目标和中华民族伟大复兴的关键一步，也就是要让像龙岩这样的革命老区插上数字经济的翅膀。

从红色龙岩到数字龙岩的转变令人振奋，龙岩只是我们众多实践中的一个点，但这个点完整地展现了新基建的历程。在这个过程中，我们自主创新的世界领先的大数据核心技术也找到了最为丰富的应用场景，发挥了它最大的价值。

企业是新基建的重要力量

新型基础设施具有天然的公共属性，面临投资规模大、建设周期长、回报周期长、未来预期不确定性大等很多压力，在建设过程中很可能会出现投资不足、运营不善等问题。因此，在新基建中，政府应该承担主要角色，充分发挥主导作用，加大投入力度和政策扶持。如果没有来自政府的强力支持，新基建很难快速高效地推进，也不可能获得可持续发展。

然而，虽然政府在新基建中至关重要，但有一点也不可忽视，那就是要尽可能开放生态，实现共建共治共享。与传统基础设施建设的过程相比，企业尤其是互联网和高科技企业在新型基础设施的建设和运营方面有明显优势，也有参与其中的强烈积极性。充分发挥这些龙头企业的作用，可以为新型基础设施的投资和运营提供更多选择。我们可以看到，如今，阿里巴巴、腾讯等平台型企业已经成为新型基础设施的一部分。

腾讯微信事业群总裁张小龙曾说，世界的运行靠万物连接，对产品而言，连接意味着做服务的底层设施，演变出最丰富的结果。作为一种底层设施，微信已经从社交沟通工具演进成一种新型基础设施，而且覆盖面很广。

人们每天都会用微信沟通，如今，微信已经是生活中必不可少的沟通渠道，人们用它来交流信息、传递感情、发红包等，这些使人与人的连接更加紧密。2021 年 1 月 19 日张小龙在"2021 微信之夜"活动上发布的数据足以证明这一点：每天有 10.9 亿用户打开微信，3.3 亿用户进行视频通话；有 7.8 亿用户进入朋友圈，1.2 亿用户发表朋友圈。

微信的生活缴费功能把水电气等缴费项目聚合在一起，让人们可以随时随地缴纳各类生活相关业务费用，使日常生活更加便利。

微信支付也成为一种应用非常广泛的支付工具。现在，无论超市、便利店，还是餐厅、理发店，乃至街头小摊都可以使用微信支付。毫不夸张地说，几乎没有微信支付不能触达的民众买卖场合。

微信小程序也逐渐发展成为产业互联网的基础设施。根据《微信就业影响力报告》，截至 2018 年，小程序数量已经超过 100 万个，覆盖的细分行业超过 200 个，带动的就业机会超过 180 万个，累计创造的商业价值超过 5000 亿元。未来小程序赛道上 80% 是企业级的小程序，20%

是 2C（面向顾客）级的小程序，这为产业互联网的发展奠定了基础。

作为一种新型基础设施，微信通过不断创新的各种功能让用户享受到了覆盖更广泛领域、功能更强大也更便捷的智慧生活。

而以美团、饿了么为代表的生活服务平台，也已经成为一种典型的新型基础设施。在新冠肺炎疫情防控期间，这些生活服务平台作为新型基础设施的价值更是得到了充分显现。在商家端，因为疫情很多人不愿意出门就餐，很多餐厅门可罗雀，美团、饿了么这种外卖平台就成了国内很多餐饮企业变现的主要途径。在消费端，很多人选择通过这些生活服务平台来解决日常生活所需，有些年轻人甚至已经不再去菜市场，只通过美团买菜、京东到家、盒马鲜生等 App 买菜了。在就业端，这些生活服务平台还带动了餐饮上下游产业的大量就业，不但为疫情期间的社会就业提供了兜底性保障，还吸纳了很多受到疫情冲击的失业人口。

平台型企业不断积累着海量数据，拥有丰富的、充分数字化的资源和能力，它们将作为一种新型基础设施在数字时代扮演越来越重要的角色，并且以前所未有的速度蓬勃发展，新模式、新业态不断涌现。

然而，处于野蛮生长阶段的平台经济也暴露出了很多问题，这令人担忧。这些问题主要体现为三点。

一是很多互联网平台利用自身优势对市场进行垄断，限制市场竞争。

比如，有的互联网平台，利用自己在电子商务或社交领域的优势地位，要求商家"二选一"，剥夺用户的选择权，对正常的市场竞争秩序造成干扰。还有的平台通过屏蔽外部链接建造自己的"护城河"，对竞争对手进行限制乃至封锁，这使得各个平台之间无法互联互通，既影响了用户体验，也不利于市场竞争。

二是在数据安全、数据开放共享等方面存在风险。

平台经济以数据为最主要的生产要素，互联网平台掌握着海量的用户数据。但是由于数据的所有权、使用权不明晰，有些缺乏合规意识的互联网平台任意使用这些数据，比如将数据非法提供给第三方，或者利用大数据分析进行"大数据杀熟"，严重损害了用户的信息安全和利益。而且，如果互联网平台的信息系统受到外部攻击或操作失误，也可能导致信息泄露等问题，使用户的数据隐私受到侵害。

三是盲目扩张。

有一些平台型企业，利用资本进行野蛮扩张，甚至违规进入金融业，从事处于监管边缘的高风险业务，对社会经济的健康发展造成了极大的危害。

因此，我们既要发展平台，又要加强平台治理，使平台告别野蛮生长，进入有序发展阶段，从而保证社会的公平公正和对个人数据资产的保护。令人欣慰的是，现在政府已经高度重视完善治理规则与相关法律体系，《〈反垄断法〉修订草案（公开征求意见稿)》《国务院反垄断委员会关于平台经济领域的反垄断指南》《网络交易监督管理办法》等相继出台，将平台治理的空白和漏洞一一弥补。

数据治理也是平台治理需要尤为关注的一点。在这方面，明确数据资源确权，确立数据安全管理规则，避免数据滥用，加强数据隐私保护等都是重中之重。企业是数据安全治理的责任主体，要承担起自己的责任，坚持合法合规运营，主动维护数据安全与个人数据资产。

习近平总书记在党的十九大报告中明确要求："打造共建共治共享的社会治理格局。"平台型企业成为新型基础设施的一部分，充分体现了共建与共享，而平台治理则体现的是共治，既要以政府为主导进行监管，又要企业履行职责，进行自治，同时，还要引入社会公众参与到治理中，对互联网平台进行监督。这种多元共治模式，可以营造良好的平台生态环境，有效地促进平台经济的有序发展。

新挑战，新蓝图

中国人口多、制造业强、互联网发展迅速，因此，新型基础设施具有丰富的应用场景和广阔的市场空间，将成为促进中国经济从大变强的助推器。然而，历史经验也表明，推动新基建肯定会在认识、实践等方面遇到一系列挑战。

第一，各地各自为政容易导致重复建设，应强化跨区域的协同推进。

新基建与传统基建有着本质的差异，比如，传统基建中的高速公路、电力设备、水利等基础设施对于每个地方和区域都是必需的，因此需要分别建设。然而，新基建的跨地区辐射力较强，如果像传统基建一样各地各自为政会导致严重浪费。

比如，新基建中的数据中心建设可以追求集约化和规模效益，布局在自然条件优越的少数地区，而不需要每个区域都建设小规模的大数据中心。再如，为新能源汽车配置的充电桩、换电站应统一标准并提高兼容性，尽量避免资源浪费。

在新基建过程中，一定要做好科学合理的规划布局，强化跨区域的协同推进，避免重复建设、资源浪费和新一轮的产能过剩，使新基建真正发挥产业带动和提升效益的作用。

第二，要合理处理新基建与传统基建之间的关系，有条不紊地推进新基建。

正如前文所述，每一次产业革命都会推动新一轮的基建，但新一轮的基建并不是从零开始的，而是建立在上一轮基建之上的。如果没有铁路带动的钢铁工业的迅猛发展以及生产力的根本性提升，电力基建也无从谈起。如果没有完善的电力网络，大规模计算与互联网基建也不可能实现。同样，新基建也与传统基建有着密不可分的关系，它们相互依存、互为支撑。在推动新基建的时候，一定要合理地处理新基建与传统基建的关系，不能一味图新而导致根基不稳，更不能一味图新而舍本逐末。

第三，新基建的商业化模式还不成熟，尚待探索与创新。

如今，我国新型基础设施的应用场景已经越来越丰富，智慧金融、智能制造、智能交通、智慧农业、智慧城市等纷纷涌现，然而，从总体来看，商业化模式还不成熟，面临消费领域的场景多、生产领域的场景少，基础数据积累多、深度融合应用场景少，园区自建场景多、跨区域合作场景少等问题。比如，5G技术普遍应用于工业互联，然而现在主要以龙头制造企业的工业互联网平台为主，很少有第三方工业互联网平台企业，服务陷入"信任困局"。

所以，在新基建过程中，仍需要不断拓展应用场景，探索新的运营和盈利模式，搭建成熟的产业链。试错是在所难免的，但这是新基建过程中的必经之路。

第四，核心技术开发和标准制定等瓶颈问题亟待突破。

当前，贸易保护主义、民粹主义等逆全球化思潮不断抬头，发达经济体对核心前沿技术封锁全面升级，部分企业关键核心技术"卡脖子"风险上升，未来亟待实现光刻机、芯片、操作系统、核心工业软件、核心算法等相关产业"卡脖子"技术的重点突破。同时，5G 标准、区块链技术管理标准、物联网技术标准等制定权，也是信息化新基建领域颠覆性技术突破的关键，未来需要主动参与，积极抢占话语权。

作为一个庞大的、系统性的工程，新基建不可能一蹴而就，重复过去的老套路和盲目跟风都是不可取的。要将难题一一破解，使新基建实现良性发展，需要汇聚人民的智慧和力量，需要科学的规划和布局，需要有序推进。唯有如此，才能充分激活市场内生动力和创新活力，从更大范围、更深层次增强综合国力，为新一轮国际竞争积蓄新能量。

新基建带来了挑战，也带来了机遇，更为我们描绘出了数字时代的新蓝图。

《失控：全人类的最终命运和结局》的作者凯文·凯利说："只需要让每个人都能随时与他人以及其他事物相联通，就能共同创造新事物。有了人类共享的互联互通，现在看来不可能发生的奇迹将变得可能。"

回望人类的发展进程，从连接南北的京杭大运河到近 200 年前世界上第一条铁路通车，从打通欧亚大陆的古代丝绸之路到促使中国与世界互利共赢的"一带一路"倡议，从连接世界并且给了世界一个"新的世界"的互联网到日益兴起的元宇宙……时空的距离被逐渐抹平，人与人、人与社会、人与世界之间的联系越来越紧密、越来越多元，人类的命运因此交融在一起。而人类每一次具有突破性意义的互联互通，都会带来世界格局、产业体系、制度文化等的颠覆。而在数字时代，全球经济秩序及利益格局正在加速重构。

联合国贸易和发展会议 2019 年发布的第一份《数字经济报告》显示，全球数字经济活动及其创造的财富增长迅速，且高度集中在美国和中国。美国和中国目前占有超过 75% 的区块链技术相关专利、50% 的全球物联网支出、75% 以上的云计算市场。全球 70 家最大数字平台公司中，7 个"超级平台"占总市值的 2/3，按规模排序依次是微软、苹果、亚马逊、谷歌、Facebook、腾讯和阿里巴巴。这表明，数字经济将主要是两大选手的赛跑：美国和中国。

而中国有机会实现从"跟跑者"到"领跑者"的跨越。因为，如火如荼的新基建正在引领中国进入数字经济发展的全新赛道。新基建一方面激发出强烈的投资需求，另一方面承接着广阔的消费市场，持续不断地为中国的经济增长提供新动能，更为中国企业成就行业数字化转型提速。

这既体现在数字基础设施的进步上，比如在 5G、云计算、物联网、大数据、人工智能等领域，中国不但已经与美国并肩同行，在有些领域甚至已经实现了赶超，如华为 5G、阿里巴巴与腾讯的移动支付等；也体现在中国数字经济企业的井喷式发展上，比如，现在中国软件和信息技术服务业年销售额在 500 万元以上的企业已经超 4 万家，国内数字经济企业的同业竞争已经进入白热化，越来越多的同类型外企因为缺乏竞争力逐步退出了中国市场。

新基建带来的不只是经济的繁荣、国家的强盛，更是社会波澜壮阔的加速发展。对于个体来说，它带来了全新的生活方式、消费习惯、工作方式。对于企业来说，它带来了巨大的机遇和新的赋能方式。对于行业来说，它带来了更多的发展路径和行业变革。对于社会来说，它带来了一场深刻的、自上而下的社会变革。未来，金融将与实体经济更加紧密地结合在一起，普惠金融将使越来越多的弱势群体、小微企业受益；乡村也将实现振兴，成为产业兴旺、环境宜居、生活富裕、乡风文明、治理有效的美丽家园；"人与自然和谐共生"的绿色画卷也将徐徐展开，"山水田园"将重新成为中华民族诗意的栖居方式。

新基建绘出的数字时代新蓝图已在我们面前恢宏铺展，未来，我们将走进一个全新的纪元、一个令人充满遐想的新时代。

后　　记

2018年3月初，中国科学技术协会（简称中国科协）党组交给我一个任务，希望我能从企业的角度讲一讲未来颠覆性技术在哪里。

我从事计算机行业30多年，对数字化的关注与研究由来已久。从2009年至今，我在全国两会上曾多次提出过关于数字化的政协提案。早在2009年我就提出了《落实重大专项信息化建设，全面推进国家信息化基础建设》的政协提案，2015年、2017年我又先后提出了《关于大数据应用及数据开放共享工作的建议》《关于推动市场数据公共化、公共数据市场化，落实〈促进大数据发展行动纲要〉的建议》的提案。出于工作原因，我也曾与很多信息技术领域的企业家和专家进行过交流。我自认为对这一领域的发展是有一定的前瞻性认识的，但这个任务却把我难住了。

我认真回顾了我从业的30多年乃至整个计算机与互联网的发展史，反复思考信息技术对人类社会的发展和进步究竟有哪些影响。最后，在中国科协党组会议上，我尝试着把我在实践中的直观感受总结了出来：数字经济时代，颠覆性技术在于云原生、数字原生和场景创新。

在过去的三年里，我一直没有停止关于"颠覆性技术在哪里？"这一问题的思考。在不断的实践和思考中，我认识到数字化带来的不只是颠覆，更是重构。在几次小范围的交流中，我把自己的一些想法与朋友们分享，他们鼓励我把这些思路完善一下，写一本书，以供大家交流。这正是这本书的由来。

恰逢 2021 年是神州数码上市 20 周年，我也以此书作为我向神州数码上市 20 周年的致敬。

20 年前的 6 月 1 日，在香港联交所的交易大厅，我们敲响了神州数码正式挂牌上市的钟声，从此开始踏上新的征程。从一开始，神州数码就以"数字中国"为使命，致力于成为数字化的探索者、实践者、赋能者。说是探索者，是为了给自己留一点余地，因为这样的探索有可能会遭遇失败，有可能在前进的过程中就牺牲了，毕竟数字化道路该如何走，谁也说不清楚。说是实践者，是因为要首先从自身的数字化开始做起，要以自己为实验品，实现自我的数字化革命。而说是赋能者，是因为如果道路正确，可以为他人提供数字化服务。当时我们希望，通过神州数码的努力能推动全社会向数字化转型。

这条路并不好走，我们承受了必要的代价和牺牲，但仍然屡败屡战，不断突破和前进。经历了无数个日日夜夜的努力奋斗，我们终于战胜了各种艰难曲折，打造了一个日益壮大的神州数码，一个走在数字化中国前列的神州数码，一个面向未来、不断求索的神州数码。可以说，走到今天，我们已经实现了我们的目标，没有辜负我们当初为自己确立的"数字中国"的使命。

这是奋斗与成长的 20 年，也是探索与变革的 20 年。这 20 年来，我持续地对互联网、对行业、对数字化进行观察与实践，我的思考和心得都沉淀、凝结在本书中，希望给大家提供一个了解数字化的新视角、一个向数字化转型的新路径。我深知，我的观点仍不够全面，还有待继续完善，因此，我真诚地希望读者在阅读本书后能不吝赐教，提出宝贵的意见。

感谢我的同事李扬为本书所做的贡献，最初我只是想写一篇文章阐述自己关于数字化的思考，李扬鼓励我将这些观点进行系统总结，将其分享给更多人。在写作过程中，我们进行了数次讨论、交流，李扬提出了很多具有建设性的观点，使本书内容更加丰富。感谢财经作家黄伟芳，她对书稿进行了梳理，使本书更加完善。感谢姜苏鹏，他的引荐使这本书得以进入机械工业出版社华章分社的视线，最终与读者见面。同时，特别感谢机械工业出版社华章分社的大力支持，尤其是岳占仁、张枭翔、王芹，他们的专业、负责以及对出版质量的不懈追求，使这本书的品质得到了充分的保障。

最后，我要感谢这个伟大的时代。我们有幸生活在这样一个大变革的时代，改革开放让我们有机会与世界同步，苦难与辉煌让我们更加认识到体会人生的意义，而数字化浪潮的到来，又让我们亲身参与到人类最伟大的变革之中。感谢这个伟大的时代，让我有机会实现自己的梦想和价值。

参考文献

［1］ 托夫勒. 第三次浪潮［M］. 黄明坚，译. 北京：中信出版集团，2018.

［2］ 迈尔 – 舍恩伯格，库克耶. 大数据时代：生活、工作与思维的大变革［M］. 盛杨燕，周涛，译. 杭州：浙江人民出版社，2013.

［3］ 休谟. 人性论［M］. 关文运，译. 北京：商务印书馆，2016.

［4］ 赫拉利. 今日简史：人类命运大议题［M］. 林俊宏，译. 北京：中信出版集团，2018.

［5］ 陈春花. 价值共生：数字化时代的组织管理［M］. 北京：人民邮电出版社，2021.

［6］ 陈雪频. 一本书读懂数字化转型［M］. 北京：机械工业出版社，2020.

［7］ 西贝尔. 认识数字化转型［M］. 毕崇毅，译. 北京：机械工业出版社，2021.

［8］ 尼葛洛庞帝. 数字化生存［M］. 胡泳，范海燕，译. 北京：电子工业出版社，2017.

［9］ 王思轩. 数字化转型架构：方法论与云原生实践［M］. 北京：电子工业出版社，2021.

［10］ 信息社会50人论坛. 数字化转型中的中国［M］. 北京：电子工业出版社，2020.

［11］ 陈新宇，罗家鹰，江威，等. 中台实践：数字化转型方法论与解决方案［M］. 北京：机械工业出版社，2020.

［12］ 海飞门，习移山，张晓泉. 数字跃迁：数字化变革的战略与战术［M］. 北京：机械工业出版社，2020.

［13］ 赵刚，张健. 数字化信任：区块链的本质与应用［M］. 北京：电子工业出版社，2020.

［14］ 赵兴峰. 数字蝶变：企业数字化转型之道［M］. 北京：电子工业出版社，2019.

［15］ 雷万云，等. 云 +AI+5G 驱动的数字化转型实践之道［M］. 北京：清华大学出版社，2020.

［16］ 马晓东. 数字化转型方法论：落地路径与数据中台［M］. 北京：机械工业出版社，2021.

［17］ 付登坡，江敏，任寅姿，等. 数据中台：让数据用起来［M］. 北京：机械工业出版社，2020.

［18］ 陈新宇，罗家鹰，邓通，等. 中台战略：中台建设与数字商业［M］. 北京：机械工业出版社，2019.

［19］ 刘艳红，黄雪涛，石博涵. 中国"新基建"：概念、现状与问题［J］. 北京工业大学学报（社会科学版），2020，20（6）：1-12.

［20］ 郭朝先，王嘉琪，刘浩荣."新基建"赋能中国经济高质量发展的路径研究［J］. 北京工业大学学报（社会科学版），2020，20（6）：13-21.

［21］ 邓寿鹏. 中国信息化基础结构的创新与政府管理［J］. 管理世界，1996（6）：14.

［22］ 郭凯明，王藤桥. 基础设施投资对产业结构转型和生产率提高的影响［J］. 世界经济，2019（11）：51-73.

［23］ 胡冰洋. 推动我国第四次工业革命及颠覆性技术创新的分析和建议［J］. 中国经贸导刊，2019（15）：30-33.

［24］ 黄群慧. 改革开放 40 年中国的产业发展与工业化进程［J］. 中国工业经济，2018（9）：7-25.

［25］ 冷永生，王朝才，韩津萍. 公共基础设施项目企业所得税优惠政策问题探究——以网络型基础设施产业为例［J］. 税务研究，2012（12）：38-41.

［26］ 马荣，郭立宏，李梦欣. 新时代我国新型基础设施建设模式及路径研究［J］. 经济学家，2019（10）：58-65.

［27］ 于良春. 中国的竞争政策与产业政策：作用、关系与协调机制［J］. 经济与管理研究，2018（10）：57-64.

［28］ 方兴东，陈帅. 中国互联网 25 年［J］. 现代传播：中国传媒大学学报，2019（4）：1-10.

［29］ 汤博阳."八纵八横"干线网筑起中国通信业的脊梁［J］. 数字通信世界，2008（12）：17-22.

［30］ 周宏仁，徐愈. 中国信息化形势分析与预测（2012）［M］. 北京：社会科学文献出版社，2012.

［31］尹丽波. 数字经济发展报告（2018～2019）［M］. 北京：社会科学文献出版社，2019.

［32］魏琴，欧阳智，袁华. 数融未来：图解大数据＋产业融合［M］. 贵阳：贵州人民出版社，2018.

［33］董晓松，等. 中国数字经济及其空间关联［M］. 北京：社会科学文献出版社，2018.

［34］何枭吟. 数字经济与信息经济、网络经济和知识经济的内涵比较［J］. 时代金融，2011（29）：47.

［35］欧阳日辉，文丹枫，李鸣涛. 大数字时代［M］. 北京：人民邮电出版社，2018.

［36］中国信息通信研究院. 中国数字经济发展与就业白皮书（2019年）［R］. 2019.

［37］贾映辉. 浅谈我国数字经济发展［J］. 互联网经济，2019（4）：64-67.

［38］鲍宗豪. 数字化与人文精神［M］. 上海：上海三联书店，2003.

［39］陈志良，高鸿. 数字化时代人文精神悖论之反思［J］. 南京社会科学，2004（2）：8-12.

［40］奈斯比特. 大趋势：改变我们生活的十个新方向［M］. 梅艳，译. 北京：中国社会科学出版社，1984.

［41］张怡. 数字化时代的认识论走向［J］. 江西社会科学，2004（3）：12-18.

［42］莱文森. 数字麦克卢汉［M］. 何道宽，译. 北京：社会科学文献出版社，2001.

彼得·德鲁克全集

序号	书名	要点提示
1	工业人的未来 The Future of Industrial Man	工业社会三部曲之一，帮助读者理解工业社会的基本单元——企业及其管理的全貌
2	公司的概念 Concept of the Corporation	工业社会三部曲之一，揭示组织如何运行，它所面临的挑战、问题和遵循的基本原理
3	新社会 The New Society：The Anatomy of Industrial Order	工业社会三部曲之一，堪称一部预言，书中揭示的趋势在短短10几年都变成了现实，体现了德鲁克在管理、社会、政治、历史和心理方面的高度智慧
4	管理的实践 The Practice of Management	德鲁克因为这本书开创了管理"学科"，奠定了现代管理学之父的地位
5	已经发生的未来 Landmarks of Tomorrow：A Report on the New "Post-Modern" World	论述了"后现代"新世界的思想转变，阐述了世界面临的四个现实性挑战，关注人类存在的精神实质
6	为成果而管理 Managing for Results	探讨企业为创造经济绩效和经济成果，必须完成的经济任务
7	卓有成效的管理者 The Effective Executive	彼得·德鲁克最为畅销的一本书，谈个人管理，包含了目标管理与时间管理等决定个人是否能卓有成效的关键问题
8 ☆	不连续的时代 The Age of Discontinuity	应对社会巨变的行动纲领，德鲁克洞察未来的巅峰之作
9 ☆	面向未来的管理者 Preparing Tomorrow's Business Leaders Today	德鲁克编辑的文集，探讨商业系统和商学院五十年的结构变化，以及成为未来的商业领袖需要做哪些准备
10 ☆	技术与管理 Technology，Management and Society	从技术及其历史说起，探讨从事工作之人的问题，旨在启发人们如何努力使自己变得卓有成效
11 ☆	人与商业 Men，Ideas，and Politics	侧重商业与社会，把握根本性的商业变革、思想与行为之间的关系，在结构复杂的组织中发挥领导力
12	管理：使命、责任、实践（实践篇） Management:Tasks,Responsibilities,Practices	
13	管理：使命、责任、实践（使命篇） Management:Tasks,Responsibilities,Practices	为管理者提供一套指引管理者实践的条理化"认知体系"
14	管理：使命、责任、实践（责任篇） Management:Tasks,Responsibilities,Practices	
15	养老金革命 The Pension Fund Revolution	探讨人口老龄化社会下，养老金革命给美国经济带来的影响
16	人与绩效：德鲁克论管理精华 People and Performance: The Best of Peter Drucker on Management	广义文化背景中，管理复杂而又不断变化的维度与任务，提出了诸多开创性意见
17 ☆	认识管理 An Introductory View of Management	德鲁克写给步入管理殿堂者的通识入门书
18	德鲁克经典管理案例解析（纪念版） Management Cases(Revised Edition)	提出管理中10个经典场景，将管理原理应用于实践

彼得·德鲁克全集

序号	书名	要点提示
19	旁观者：管理大师德鲁克回忆录 Adventures of a Bystander	德鲁克回忆录
20	动荡时代的管理 Managing in Turbulent Times	在动荡的商业环境中，高管理层、中级管理层和一线主管应该做什么
21 ☆	迈向经济新纪元 Toward the Next Economics and Other Essays	社会动态变化及其对企业等组织机构的影响
22 ☆	时代变局中的管理者 The Changing World of the Executive	管理者的角色内涵的变化、他们的任务和使命、面临的问题和机遇以及他们的发展趋势
23	最后的完美世界 The Last of All Possible Worlds	德鲁克生平仅著两部小说之一
24	行善的诱惑 The Temptation to Do Good	德鲁克生平仅著两部小说之一
25	创新与企业家精神 Innovation and Entrepreneurship:Practice and Principles	探讨创新的原则，使创新成为提升绩效的利器
26	管理前沿 The Frontiers of Management	德鲁克对未来企业成功经营策略和方法的预测
27	管理新现实 The New Realities	理解世界政治、政府、经济、信息技术和商业的必读之作
28	非营利组织的管理 Managing the Non-Profit Organization	探讨非营利组织如何实现社会价值
29	管理未来 Managing for the Future:The 1990s and Beyond	解决经理人身边的经济、人、管理、组织等企业内外的具体问题
30 ☆	生态愿景 The Ecological Vision	对个人与社会关系的探讨，对经济、技术、艺术的审视等
31 ☆	知识社会 Post-Capitalist Society	探索与分析了我们如何从一个基于资本、土地和劳动力的社会，转向一个以知识作为主要资源、以组织作为核心结构的社会
32	巨变时代的管理 Managing in a Time of Great Change	德鲁克探讨变革时代的管理与管理者、组织面临的变革与挑战、世界区域经济的力量和趋势分析、政府及社会管理的洞见
33	德鲁克看中国与日本：德鲁克对话"日本商业圣手"中内功 Drucker on Asia	明确指出了自由市场和自由企业，中日两国等所面临的挑战，个人、企业的应对方法
34	德鲁克论管理 Peter Drucker on the Profession of Management	德鲁克发表于《哈佛商业评论》的文章精心编纂，聚焦管理问题的"答案之书"
35	21世纪的管理挑战 Management Challenges for the 21st Century	德鲁克从6大方面深刻分析管理者和知识工作者个人正面临的挑战
36	德鲁克管理思想精要 The Essential Drucker	从德鲁克60年管理工作经历和作品中精心挑选、编写而成，德鲁克管理思想的精髓
37	下一个社会的管理 Managing in the Next Society	探讨管理者如何利用这些人口因素与信息革命的巨变，知识工作者的崛起等变化，将之转变成企业的机会
38	功能社会：德鲁克自选集 A Functioning society	汇集了德鲁克在社区、社会和政治结构领域的观点
39 ☆	德鲁克演讲实录 The Drucker Lectures	德鲁克60年经典演讲集锦，感悟大师思想的发展历程
40	管理(原书修订版) Management(Revised Edition)	融入了德鲁克于1974～2005年间有关管理的著述
41	卓有成效管理者的实践（纪念版） The Effective Executive in Action	一本教你做正确的事，继而实现卓有成效的日志笔记本式作品

注：序号有标记的书是新增引进翻译出版的作品

拉姆·查兰管理经典

书号	书名	定价
47778	引领转型	49.00
48815	开启转型	49.00
50546	求胜于未知	45.00
52444	客户说：如何真正为客户创造价值	39.00
54367	持续增长:企业持续盈利的10大法宝	45.00
54398	CEO说：人人都应该像企业家一样思考（精装版）	39.00
54400	人才管理大师：卓越领导者先培养人再考虑业绩（精装版）	49.00
54402	卓有成效的领导者：8项核心技能帮你从优秀到卓越（精装版）	49.00
54433	领导梯队：全面打造领导力驱动型公司（原书第2版）（珍藏版）	49.00
54435	高管路径：卓越领导者的成长模式（精装版）	39.00
54495	执行：如何完成任务的学问（珍藏版）	49.00
54506	游戏颠覆者：如何用创新驱动收入和利润增长（精装版）	49.00
59231	高潜：个人加速成长与组织人才培养的大师智慧	49.00